사 주
오라클 카드

최 효 순 지음

1판 1쇄 발행일 2013년 10월 31일
1판 7쇄 발행일 2025년 12월 13일

발행인 | 이 춘 호
편집인 | 이 지 용

펴낸곳 | 당그래출판사
등록일 | 1989년 7월 7일(제301-2005-219호)
주　소 | 04627 서울시 중구 퇴계로 32길 34-5(예장동)
전　화 | (02) 2272-6603
팩　스 | (02) 2272-6604
홈　피 | www.dangre.co.kr
이메일 | dangre@dangre.co.kr

ⓒ 최효순. 2013

●국제저작권의 보호를 받습니다. 따라서 비평이나 서평의 짧은 인용문으로 사용할 목적이 아니고서는,
　이 책과 사주 오라클 카드의 어느 부분도 발행인과 편집인의 서면 동의 없이는 어떤 수단으로도 복제하거나 유포할 수 없습니다.

아주 쉽고 명쾌한 스토리텔링!!

사주
오라클 카드

최효순 지음

당그래

머리말

　사주 오라클 카드는 기존의 타로카드처럼 카드를 뽑아 미래를 점친다는 점에서는 같다. 그러나 사주명리학과 접목, 오행에 맞추어 우리네 삶 전체를 담은 80장 각각의 카드 그림 속 인물표현, 배경, 스토리텔링에 따른 해석 방법은 사뭇 다르다는 것을 바로 느낄 수 있을 것이다.

　그것은 아마도 기존의 타로카드가 상징에 치중한 반면 이 카드는 사람 냄새가 나는, 사는 이야기에 중점을 두었기 때문일 것이다. 그래서일까 모두들 신기해하며 많이 호응해 주었고 그 점이 더욱 필자에게 많은 힘을 실어주었다. 그리고 그동안 한국인으로서 한국인의 정서에 맞는 카드를 많이 갈구하고 있었다는 것도 알게 되었다.

　끝으로 이 책을 출판해주신 당그래출판사 사장님과 제 얘기에 귀 기울여 주신 많은 분들, 또 그림의 마무리를 도와주며 함께 애썼던 신라대 학생들에게도 이 자리를 빌어 감사의 마음을 전하고 싶다.

부산 서면에서

사 주
오라클 카드

차 례

머 리 말	• 5
사주 오라클 카드를 만들며	• 9
카드의 특징과 사용법	• 14
사주 오라클 카드 각 장의 의미	• 19
●부록 / 사주 오라클 카드 임상 사례	• 101
●부록 / 점사를 보기 전 알아두면 유익한 명리학 기초	• 111

사주 오라클 카드를 만들며

　　옛 속담에 천석꾼은 천 가지 걱정, 만석꾼은 만 가지 걱정이란 말이 있다. 사람이면 어느 누구라도 늘 걱정이 따라다닌다는 의미이다. 높은 자리로 가고 싶어 하지만 가면 갈수록 책임져야 할 것들이 많아져 작은 일부터 큰 일까지 다 신경을 써야 되고 조금이라도 주위를 등한시하면 바로 표시가 나니 다른 사람들 눈에는 걱정을 달고 사는 것으로 보인다. 그러나 천석꾼은 말한다. 이것이 바로 자신의 행복이라고…….

　　사람들에게 행복의 기준을 묻는다면 각자의 대답은 다르다. 그러나 행복을 추구하는 마음만큼은 같은 마음이다. 사람들은 힘든 현실이 오면 운명을 저주하기도하고 반대로 큰 행운이 오면 운명에 감사하기도 한다. 한치 앞을 모르는 세상이다 보니 어제의 적이 오늘의 친구도 되고 어제의 불행이 오늘의 행복이 되기도 한다. 때문에 어느 누구도 무덤에 들어갈 때까지는 운명에 대해 함부로 장담하듯 말하지 못한다.

　　사람이 태어나는 순간 자신의 외부적 환경만큼은 스스로 바꿀 수 없고 또한 사람들이 이 세상에 태어날 때는 환경만 가지고 태어나는 것은 아니라 외모와 성격과 인성까지 고스란히 부모로부터 유전으로 물려받아 태어난다.

　　여기까지는 우리 인간의 힘으로 바꾸기 힘든 부분이다. 그래서 사람들은 환경이나 운명을 좀처럼 바꾸기 힘들다고 한다. 그럼에도 불구하고 피나는 노력과 불굴의 의지로 운명을 개척하는 사람들도 셀 수 없이 많다. 성격이 긍정적이고 바른 사람, 끝없이 자신을 갈고 닦고 노력하는 사람, 자기로 인해 주변 사람들을 결코 힘들게 하지 않는 사람. 또한 부지런한 사람들은 결코 자신의 인생을 불행하도록 그냥 내버려두지 않는다. 사람들은 운명을 먼저 알고 그 다음은 노력해야 한다는 뜻이다.

그럼에도 불구하고 많은 사람들은 노력하기 보다 귀인을 기다리기도 한다. 그러나 자신의 주변을 둘러보라. 혹시 내 주변에서 항상 변함없이 자신을 인정해 주고 믿어 주는 이가 있다면, 그 사람이 바로 우리가 그토록 찾는 귀인일 것이다. 나에게 항상 힘과 용기를 준다면 그보다 귀한 귀인이 어디 있으랴. 그런데도 기다리느라 허송세월을 보내기도 한다.

선조들의 지혜를 만나게 해주고 싶었다

사주 오라클 카드는 혼란스러운 인생길 앞에서 현명한 길을 찾게 해주려했던 선조들의 지혜를 만나게 해주고자 만들어진 것이다. 이는 과거와 현재의 모습뿐 아니라 이를 되짚어 앞으로 있어질 미래의 모습을 그려볼 수 있도록 말이다.

우리나라에는 예로부터 내려오는 속담이 아직까지도 널리 사용되고 있다. 어쩌면 선조들은 이토록 상황에 딱딱 맞는 말을 만들었는지 가끔씩 생각해도 감탄스러울 정도이다.

속담과 명리학엔 인생의 여러가지 상황들이 담겨 있다

사주 오라클 카드는 말 속에도 기운이 있는 속담과 명리학에서 말하고자 하는 인생의 여러 상황들을 그림에 담았다. 또한 단순히 길함과 흉함의 결과론만이 아닌 스스로의 이야기를 과거 현재를 거쳐 미래의 길흉화복을 점칠 수 있게 만들었다.

우리나라 오천년 역사에는 한 많은 사연과 눈물과 애환이 있고 그 모든 것이 녹아 지금까지도 그 정신이 살아 있다. 우리의 역사와 문화는 아무리 외래 문물이 들어와서 우리에게 전파되어도 결코 사라지지 않는 우리의 고유 영역이 있는 이유이다.

우리 고유 카드 개발의 필요성

필자는 시대의 흐름에 따라 명리학과 타로를 접목한 우리나라 고유의 카드 개발의 필요성을 늘 느껴왔다. 우리의 길흉화복을 점치는 그림조차 언제까지나 외국 그림에 의지해서야 되겠는가 고민에 고민을 거듭하다가 마침내 우리민족이 같이 느끼고 공유하는 정서, 그 정서를 마침내 80장의 사주 오라클 카드에 골고루 담을 수 있게 되었다.

사주 오라클 카드에는 명리학에서 말하는 여러 가지 오행의 기운들이 서로 상호작용을 하는 모습과 지금까지 전해오는 속담과 전설을 가미, 표현방법을 더욱 풍부하게 하였다. 게다가 오천년 역사가 있는 한국의 멋과 풍경과 전통을 그림으로 담았기에 한 장 한 장 마다 고향이 보이고 선조들의 모습과 애환이 느껴진다. 명리에서 말하고자 하는 것도 결국 긴 공부 끝에 사람들에게 길흉화복을 알려주려 함인데, 그 의도를 그림으로 만들어 우리 국민 정서가 녹아있는 카드는 더 가슴에 직접 와 닿는다.

사람들은 어떤 큰일을 당하거나 선택의 기로에 서게 되면 오히려 주관적인 감정이 개입되어 사실 판단이 흐려지기도 하며, 그로 인해 필요이상의 에너지와 금전을 소비해 본 경험이 누구나 있을 것이다. 그리고 한참 지나 자신을 한 번 돌아보면 그때 왜 그랬을까 하고 후회를 할 때도 있지만 이미 지나간 일은 돌이킬 수 없을 때가 많다. 자신의 미래를 타임머신을 타고 가서 잠시 보고 올 수만 있다면 이 세상 근심은 다 사라질 것도 같다.

그러나 현실적으로 그런 상황이 이루어지기 힘들다 보니 점술집이나 역학을 하는 집을 찾아 반신반의하면서도 스스로의 미래를 그려 볼 수 있는 기회를 가지다 보면 자신이 어떤 길을 가야 맞는 길인가 찾아보면 어느 정도 윤곽을 찾을 때도 있다.

길은 많지만 항상 가야될 길과 가지 말아야 될 길은 정해져 있기 마련이다. 이럴 때 자신의 미래를 좀 더 빨리 어떤 화면이나 그림을 통해 보듯 사주 오라클 카드를 통해 그려 본다면 더 직접적인 체험효과를 통해 스스로를 판단하기가 쉬워질 것이다.

상징성을 다 알기 힘든 서양 타로

지금까지의 타로카드는 한참을 공부해도 카드 전체의 상징성을 백 프로 다 알기가 힘든 것이 사실이다. 또한 중복되기도 하는 그 많은 의미 중 타로 마스터가 임의대로 뽑아 말한 점사가 맞는지 아닌지 밝히기는 애매한 점이 많다.

더욱이 타로에 관심을 가지고 공부한 일반인들도 카드를 뽑아 이야기를 하려면 밑도 끝도 없다는 생각을 하며 어디서부터 이야기를 시작해야하는지 답답함을 느낀다고 한다.

필자 역시 기존의 타로카드를 보며 많은 상징이나 의미가 반복되거나 또 한 장에 너무 많은 의미가 부여되어 통변하는데 답답함을 느낄 때가 있었다. 이제 고객들은 자기 상황과 잘 맞아 떨어지는 사주 오라클 카드를 보며 자신의 마음을 바로 털어놓고 타로 마스터에게 자신의 고민을 쉽게 털어놓으며 속풀이를 시원하게 할 수 있을 것이다. 이제 조상들의 지혜와 얼이 담긴 사주 오라클 카드와 함께 자신의 미래를 보는 것과 동시에 스스로의 과거와 현재까지 접목한 인생길에서 좀 더 현명한 판단을 할 수 있었으면 한다.

카드의 특징과 사용법

우리나라는 정말 작지만 그래도 오천년의 역사를 지닌 나라이다. 이 넓은 세계에서 우리가 같은 한국인으로 태어난 것만 해도 정말 큰 인연일 것이다. 같은 조상의 얼이 우리 세포 사이에 배여 있어서 하나의 사물을 보아도 그 정서가 다른 사람과 별반 다르지 않은 것도 사실이다.

농촌을 바라보면 실제 고향은 농촌이 아닌데도 사람들은 풍요롭고 벅찬 느낌을 받는다. 추석이 되면 직접 농사를 짓지 않았는데도 왠지 기분 좋은 만족감이 있다. 드라마 속 한복 입은 모습을 보면 마치 자신의 전생을 보는 것 같은 착각이 들 때도 있다. 모두 같은 문화와 선조들의 얼이 우리가 모르는 사이 우리 DNA 속에 잠재되어있기 때문일 것이다.

생동감 있게 묘사된 상황이나 행동 그리고 인생사에 누구라도 겪는 희로애락을 표현한 80장의 사주 오라클 카드를 보면 누구나 자기 이야기 같아 사람들은 놀라곤 한다. 또한 같은 선조를 가진 한국인이기에 누구라도 공감이 가고 고개가 끄덕여진다.

사주 오라클 카드 80장은 하나 하나에 중첩되는 해석을 부여하지 않았다. 각 장당마다 세 개에서 다섯 개 정도의 의미가 있는데, 그 그림만 보아도 한국인이라면 어떤 의미인지 알 수 있기 때문에 작의적인 해석을 하려고 굳이 애쓸 필요가 없다.

모든 이야기에는 기승전결이 있어 시작과 과정 그리고 아직 미완성인 멀지않은 미래가 보인다. 모든 일에는 시작이 있고 과정이 있고 결말이 있기 마련이다. 또한 그 결말은 완전한 끝은 아니다. 다음 단계로 가기

위한 시작일 뿐이다.

 이 사주 오라클 카드는 그림을 보면서 바로 스토리텔링이 가능하며 억지로 의미부여를 하지 않아도 스스로 자신의 처지와 상황에 맞게 공감할 수 있는 내용이 뽑혀져 나온다. 가벼운 마음으로 5장을 뽑아 4장을 보는 동안 그동안 지나왔던 과정과 현재의 상황이, 그리고 마지막 장에는 자신의 미래를 암시하는 카드가 나온다. 마지막 카드를 보며 자신을 카드에 대입시켜 잘못된 길을 간다고 생각되면 스스로 개선책을 찾아야할 계기를 만들어주기 때문이다.

 또한 용기를 잃은 사람이 있다면 좀 더 긍정적인 미래를 위해 용기를 찾아야 할 것이다. 사주타로를 보며 자신의 처지나 나아갈 길을 한번 깊이 생각해본다는데 깊은 뜻이 있을 것이다.

카드를 보는 방법

 1. 사주 오라클 카드는 뽑은 카드의 순서를 절대 뒤섞으면 안된다. 스토리텔링 형식의 카드인데 기승전결이 뒤바뀌면 전혀 다른 이야기가 되기 때문이다. 또 자신의 현재 기운으로 뽑는 카드이기에 그 예측은 일년을 넘지 않는다. 같은 질문에 대해서는 한 번에서 많으면 두 번 정도만 정갈한 마음으로 보는 것이 미래를 알고 싶어 카드를 뽑는 사람의 자세일 것이다. 한 자리에서 여러 번 시도해 보는 것은 정확도를 떨어뜨릴 뿐만 아니라 오히려 스스로 혼잡해져 카드의 신용을 떨어뜨리니 각별히 조심하기 바란다.

 2. 먼저 5장을 뽑는데, 첫 번째는 과거 이야기의 시작이다. 어떻게 보면 교묘하게 상징성으로 위장한 기존의 타로와는 다른 정면 승부를 한다. 뽑아서 그림의 순서도 바꾸지 않고 스토리텔링 형식으로 바로 과거

와 현재 그리고 미래를 점친다면 타로 점에서는 오히려 두려운 일이 될 것이다. 그러나 사주 오라클 카드는 용감하다. 자신의 기운으로 자신의 미래를 타로 마스터뿐만 아니라 본인이 직접 상황을 느껴가면서 스스로 운명을 수긍할 수밖에 없다.

3. 그리고 첫 번째 카드는 이야기의 시작이다. 두번 째, 세번 째, 네번 째 카드는 과거와 현재가 공존하며 주인공이 어떻게 시간을 보내고 살아왔는지 충분히 짐작하게 해준다.

4. 다섯 째인 마지막 카드가 6개월 안에 일어날 미래이다. 자신의 지금 기운으로 뽑는 카드라 너무 먼 미래까지 기대하면 곤란하다. 길어야 일 년의 운세를 알 수 있다. 그렇다고 6개월이나 1년이 결코 짧은 것은 아니다. 그 세월 안에도 내 인생이 뒤바뀔 수 있는 내용의 일은 얼마든지 일어날 수 있다.

5. 또 스토리가 아슬아슬하게 끊겨 뒤가 궁금해지는 경우에는 1년의 운세를 점치는 8장을 놓고 스토리를 연결해 본다. 좀 더 이러저러한 스토리를 보며 자신의 과거 현재 그리고 미래를 확실히 볼 수가 있다.

6. 카드를 보다보면 하루의 일진이 궁금할 때도 있다. 하루의 일진은 3장으로 요약한다. 3장의 카드에 하루 전체의 스토리가 담겨있다.

7. 중요한 질문에는 딱 한 장의 카드가 정답일 때도 있다. 이른바 딱 한 가지 질문에 대한 딱 하나의 대답을 원할 때 원 카드를 뽑는다. 그것이 결과이고 해답이지만 앞서 말했듯이 밑도 끝도 없고 기승전결이 없다보니 답답할 것이다. 그래서 5장의 카드를 기본으로 정한 것이다. 해보면서 5장이 섭섭하다고 생각되는 분은 기본 6장을 놓고 해도 무방하다. 하지만 항상 마지막 장이 미래임은 변함이 없다.

8. 6장으로 보는 경우는 2장씩 나누어 과거 현재 미래로 보아도 상관

이 없다. 그 경우는 각 2장이 서로간 상황의 진행관계를 보여주기 때문이다.

　스토리텔링 형식이고 모든 일을 칼로 무 자르듯 나눌 수는 없기 때문에 자연스럽게 스토리를 연결해 마지막 카드로 미래를 예측하는 것이 자연스럽다. 사주 오라클 카드는 카드가 몇 장이든 상대방의 과거·현재·미래를 이야기로 자연스럽게 연결하여 통변해주기 때문이다.

사주 오라클 카드

각 장의 의미

01 호랑이

01. 호랑이

　요즘은 호랑이 한번 보려면 일부러 시간 내어 동물원에 가서야 한번 볼 수 있다. 동물원의 호랑이는 용맹한 기세를 확인하기조차 힘들다. 그러나 옛날에는 첩첩산중 두메산골에 있는 사람들의 경우 가장 두려운 존재가 바로 무시무시한 호랑이였다. 특히 낮보다는 밤이 호랑이의 활동 시간대이므로 급한 일이나 볼 일로 늦은 밤 숲으로 둘러싸인 재를 넘어갈 때는 이놈의 호랑이 때문에 간담이 서늘하여 죽을 맛이었다. 전래동화 햇님달님에 등장하는 호랑이는 무섭기 만한 것이 아니고 야비하기까지 하다. 그 무서운 몸짓에 가끔은 토끼의 꾀에 속는 대목에도 등장하는 호랑이는 우리 민족과 떼려야 뗄 수 없는 상징적인 동물이다. 무섭지만 우리와 참으로 인연이 깊은 동물이다.

카드의 의미: 제압당함. 살벌한 기운. 두려움의 대상.

02 도깨비

예로부터 우리들은 도깨비에 관한 동화나 우화를 많이 접해왔다. 사람들이 쉽게 만날 수 없는 존재이며 무서운 존재라고 막연히 생각해왔다. 성질이 나면 흉폭하고 인정사정이 없지만 의외로 바보 같은 구석이 있어 도깨비를 속여 부자가 되었다는 동화를 한번쯤은 접해 보았으리라. 어떻게 보면 위협적인 존재이지만 우연이라도 만나게 되어 거래가 잘 성사되면 요즘 말로 로또에 당첨되는 격이다. 금 나와라 뚝딱하고 울퉁불퉁한 도깨비 방망이를 휘두르면 금덩이가 우르르 쏟아져 나오는 상상을 하게 된다.

카드의 의미: 갑작스런 횡재. 로또 당첨. 엉뚱한 사람.

03 선녀

참으로 친숙한 단어이다. 늘 동화 속에 환상적인 천상의 사람으로 등장한다. 인간과는 격이 다른 하늘의 사람으로 인간세계에는 없는 날개옷을 입고 천상과 인간세상을 오갈 수 있다. 우리들의 뇌리 속에는 언제나 선녀는 아름답고 고운 마음씨를 가졌으며 또한 선녀이기에 인간에게는 없는 힘이 있어 마음만 먹으면 인간을 도와줄 수 있는 힘이 있다고 믿어왔다. 명리학에서는 하늘에서 내가 힘들 때마다 나를 도와주는 여인을 천을귀인(天乙貴人)을 연상시킨다.

카드의 의미: 나를 도와주는 귀인. 아름다운 여인. 최고의 여인.

곰은 단군신화에 등장한다. 웅녀로 인하여 우리민족의 시작이 되었다. 곰은 인내심 없는 호랑이와는 달리 끝까지 참고 견디며 인내한다. 행동이 느리고 우둔하게 보이지만 곰이 화가 나면 폭발적인 힘이 있다는 것은 누구라도 아는 사실이다. 간혹 재주는 곰이 부렸는데 돈은 주인이 가져가기도 아니 사람들에게 잘 속기도 한다. 그렇지만 심성이 착하고 남을 해칠 줄 모르는 우직함이 좋다.

카드의 의미: 느림. 우직함. 답답함. 기다리게 함. 천천히 움직임.

05 돼지

05. 돼 지

　우리민족은 늘 돼지와는 인연이 깊었다. 아직까지도 돼지꿈이 귀한 꿈이라 생각하여 돼지가 꿈에 보이면 복권 한 장이라도 사고 싶은 마음이다. 통통하며 살찐 돼지는 악의가 하나도 없는 순하디 순한 동물이다. 먹성이 좋아 이것저것 가리지 않고 먹고 웬만한 일로 성질부리는 일도 드물다. 그저 마른볏짚을 깔아주고 먹을 것만 준다면 그만이다. 한 번 새끼를 낳으면 여러 마리를 낳으니 우리 선조들의 재산증식에 이바지한 복된 동물이다. 게다가 의외로 귀여운 애교가 있다는 것을 아는 사람은 알 것이다.

카드의 의미: 복이 많음. 순수함. 귀여움. 게으름. 애교.

06. 여 우

늘 약은 꾀를 잘 쓰는 사람을 여우같다고 표현한다. 민첩하고 교활해 전설에도 자주 등장하는 구미호는 여우로 백년이상 살아서 도술을 부려 사람으로 둔갑하거나 인간이 되고 싶어 한다는 전설이 있다. 속을 알 수 없으며 목적을 향해 행동하고 결코 진실된 마음으로 사람을 대하지 않는다. 게다가 사람을 홀리는 재주가 있어 혹하게 만들며 달콤한 말로 마음여린 중생을 꼬드기는 데는 일가견이 있다. 그러나 좋은 의미도 있다. 싹싹하고 눈치가 있고 민첩해 사람의 비위를 잘 맞추기도 하니 꼭 부정적인 의미만 가지고 있는 것도 아니다. 곰보다 여우가 낫다 라는 속담이 있지 않은가.

카드의 의미: 꾀가 많음. 영리함. 애교. 귀여움.

07 말

07. 말

인류 역사에 말이 없었다면 어떻게 되었을까. 말은 지금의 자동차와 마찬가지의 의미이다. 자동차가 등장한 지 꽤 오래된 것 같지만 역사는 그리 오래되지 않았고 우리가 차를 흔하게 타게 된 것도 돌이켜보면 몇 십 년도 채 되지 않았다. 고대부터 말은 운송수단이 되었고 세계를 정복하기위해 싸움터로 출정할 때 장군들을 보필했으며 먼 거리에 빨리 소식을 전할 일이 있을 때 꼭 말이 동원되었다. 한마디로 인간에게는 또 다른 발이 되었던 것이다. 가장 빠른 동물, 그런 그 말에다 안장을 얹는다면 모든 일이 안정 국면으로 접어든다는 것을 의미하며 일이 일사천리로 잘 진행됨을 의미한다.

카드의 의미: 준비완료. 안정적인 토대. 밝은 미래. 근심 없음.

08. 개

08 개

　개는 늘 사람들에게 친숙하고 사람을 잘 따른다. 민첩하고 영리하며 또한 주인을 잘 따르며 한번 섬긴 주인을 결코 배신하지 않는다. 어린아이가 동구 밖이라도 나갈라 치면 꼭 한 가족인양 따라붙어 사람처럼 즐거워하는 개를 보면 절로 우리네 마음도 행복해진다. 낮에는 갖은 아양으로 주인의 사랑을 받고 밤에 맡은 개의 가장 큰 임무는 도둑을 지키는 일이다. 딱히 교육을 받은 것도 아니건만 개의 마음은 온통 주인을 보호하는데 가있다. 낯선 발자국이라도 날라치면 얼른 주인이게 알린다. 개에게 사람은 이미 한 가족인 것이다.

카드의 의미: 충성심. 한결같은 마음. 부지런함.

09 닭

09. 닭

 닭은 새의 한 종류이나 어느 순간 날지 못하고 인간과 함께하게 되었다. 닭처럼 텃새가 심한 짐승도 없을 것이다. 무리를 지어 다니는 오리와는 달리 자신의 영역에 다른 닭이 침범하는 것을 결코 두고 보지 않는다. 날카로운 부리도 사정없이 쪼아서 자신의 영역에 침범하지 말 것을 알린다. 그렇다고 우리는 닭을 마냥 미워할 수가 없다. 그리고 닭의 의무는 새벽을 알리는데 있다. 시계가 귀했던 시절 사람들은 닭이 홰를 치며 꼬기오 하는 소리에 새벽이 왔음을 알았으며 그래서 더 닭을 귀하게 생각했다. 새벽을 알리는 닭, 어둠이 걷히고 새벽을 맞으니, 앞으로는 희망이 보이는 듯 하다.

카드의 의미: 새날이 밝아옴. 희망적인 기운.

10 물레방아

물레방아가 돌아 쌀을 빻아주어 사람의 힘을 덜어주기도 하였지만 여러 소설에는 물레방아가 자주 등장한다. 남녀가 몰래 만나 사랑을 속삭이는 장소로 자주 등장한다. 커다란 바퀴처럼 생긴 물레방아가 도는 것을 보면 원초적인 인간의 욕망이 떠오른다. 고고한 달빛에 물소리와 함께 빙빙 도는 물레방아를 보면 숨겨진 인간의 욕망과 많이 닮아있다.

카드의 의미: 숨겨진 욕망. 원초적 욕망.

11 풍요

11. 풍요

이른 아침부터 하인들이 마당을 쓸고 한 하인은 지게에 쌀가마니를 나른다. 주인의 창고에 쌀가마니가 하나씩 더해지고 주인이 힘들 일은 없다. 하인들이 모든 일을 척척 해내기 때문이다. 주인으로서는 이보다 즐겁고 기쁜 일이 없을 것이다. 직접 나서지 않아도 인복이 있어 말썽 없이 모든 것이 순조롭게 돌아가서 부가 쌓인다면 누구라도 기쁘지 않겠는가. 사업을 운영하는 사람에게는 더없이 좋은 카드이다.

카드의 의미: 풍요로운 수입. 아랫 사람 덕을 봄. 안정된 경영.

12 회자정리

사람이 만나고 헤어짐도 하늘의 이치라 처음 만나 영원히 함께하고 싶었지만 서로 뜻이 맞지 않아 사람이 만날 때는 헤어지는 것도 정한이치다. 그러나 이 카드는 그와는 조금 다른 의미다. 떠난 사람이 채 등을 돌리기도 전에 기다렸다는 듯이 다른 사람을 맞는 장면이다. 떠난 사람 입장에서는 충분히 배신감을 느낄 수 있는 장면이다. 아니면 떠나기를 기다렸는지도 모르겠다. 어찌보면 보는 관점에 따라 아픔을 느끼며 두고두고 괴로워하기 전에 빨리 빈자리를 메꾸어서 대체하는 것이 좋은 일인지 또 모르겠다.

카드의 의미: 양다리. 새 연인. 재혼. 외도. 또 다른 선택.

13 부러움

13. 부러움

　사람은 누구나 자신의 처지와 다른 이의 처지를 부러워한다. 때론 지나친 부러움이 시기심을 낳아 남에게 해가 될 때도 있지만 이 카드는 선의의 눈빛으로 그저 잘된 사람을 부러워하고 동경하는 장면이다. 담장 너머 지나가는 지체 높은 남성을 바라보는 두 여인의 마음이 그대로 담겨있다. 사람에게 부러움이 없었다면 오늘날의 발전조차 없었으리라. 부러움의 이면에는 좀 더 나아지고 싶은 간절한 마음도 담겨있다.

카드의 의미: 부러움. 칭송. 관심의 대상. 시기의 대상.

14 성균관

누구나 뜻을 품고 공부하지만 시험에 합격하여 내가 원하는 곳에 입성하기란 쉬운 일이 아니다. 오랜 꿈을 가지고 노력하다 드디어 그 꿈을 이루고 성균관의 문턱을 넘는 장면이다. 본인에게도 영광이고 가족에게도 영광일 것이다. 사람이 어떤 목표를 가지고 노력하여 그 결과를 본다는 것은 참으로 기쁜 일이다.

카드의 의미: 대학 진학. 목표 달성. 학구열.

15 과거시험

15. 과거시험

　전국의 양반들은 이 과거시험을 위해 주야로 책을 읽고 먼 길을 과거 보기위해 산 넘고 물 건너 한양까지 가서 시험을 본다. 시험에 합격하면 가문의 영광이기도 하지만 순위에 따라 나라에서 받는 벼슬의 품계도 달라지고 시험의 종류도 다양해 각 분야에서 자신의 실력을 인정받는 제도이기 때문에 시험장에서의 긴장감은 직접 가보지 않아도 알 수 있다. 팽팽한 긴장감 속에 시험을 치고 결과를 기다리는 많은 인재들의 모습이 그림에 담겨있다.

카드의 의미: 실력을 평가받음. 시험대에 오름. 결과를 기다림.

16. 장독대

16
장독대

　요즘은 시골에나 가야 장독대를 볼 수 있고, 거의 김치냉장고로 바뀌었지만 몇 십 년 전만 해도 장독에 보관하던 여러 가지 된장과 간장 김치 소금 등 우리가 일 년 내내 먹을거리의 기본재료로서 소중하게 비축해두던 창고이다. 장맛을 보면 그 집 인심을 안다는 속담도 있듯이 한번 담근 장은 일 년 내내 우리의 먹거리로 사용되었기에 장에 대한 애정은 남달랐다. 장독을 보면 그 집 며느리의 솜씨를 알 수 있었기에 여인들의 애환도 묻어있는 장소다.

카드의 의미: 저축. 준비. 알뜰함. 현모양처.

17 병자

17. 병자

　생로병사라는 말도 있듯이 사람이 태어나 살다보면 아플 때도 있다. 잠시 앓다가 일어나는 경우도 있지만 예전에는 요즘 쉽게 고칠 수 있는 병도 속수무책인 경우도 많았다. 또한 긴 병에 효자 없다는 말도 있듯이 아픈 본인도 힘들지만 옆에서 지켜주는 사람도 생활에 활기가 없어지고 힘들어진다. 요즘 같은 현대에는 몸에 좋은 음식과 의학으로 오래 살고 치료가 훨씬 쉬워졌다. 그러나 사회가 각박하다보니 서로 소통이 되지 않아 마음의 병을 가진 사람도 또한 많은 것이다. 신체의 상처는 시간이 지나면 극복이 되어도 마음의 병은 쉽게 극복이 되지 않는 것도 현실이다.

카드의 의미: 신체적인 병. 마음의 병. 마음의 상처. 고통스러운 상황.

18
노인

  누구나 인생에는 어떤 일을 막 시작하는 새내기 때가 있고 또 한참 물이 올라 왕성하게 활동할 때가 있고 좀 지치고 쇠약해져 어떤 일이든 시들할 때가 있다. 사람의 일생으로 보면 왕성함을 지나 쇠퇴함을 표현하는 노인카드이다. 무언가 왕성하게 활동하는 것이 아닌 한풀 꺾인 상태를 나타내는 것이다.

카드의 의미: 노쇠. 지침. 피곤함. 스트레스. 휴식의 필요성.

19 혼인

19. 혼 인

　이 지구상에 수십억 인구가 있지만 어떻게 한 나라에서 태어나고 또 남녀가 만나 인연으로 맺어져 혼인을 하는 것은 하늘에서 맺어주지 않고서는 쉽지 않은 일이다. 요즘도 연애를 몇 년씩 하다 헤어지는 것은 큰 흉이 아니지만 혼인을 했다가 한 달 만에 헤어져도 당사자의 이력에는 큰 상처가 된다. 그만큼 혼인까지 가는 것도 쉽지 않으며 일단 혼인을 하게 되면 그것은 당사자에게 커다란 책임감이 동반되기 때문이다. 어쨌든 혼인을 하는 것은 남녀가 만나 합이 이루어졌으며 결과가 도출된 것이다.

카드의 의미: 일의 성사. 결혼의 성사. 사랑의 성사. 외도의 성사.

20 싸움

세상을 살면서 경쟁하지 않고 싸우지 않고 살면 오죽 좋으랴. 그러나 이 세상에는 많은 사람들로 넘쳐나고 이해관계가 얽히고설키고 심지어 부부라도 뜻하는 바가 달라 싸우지 않고 살 수 없는 세상이다. 물고 뜯고 싸우기도 하고 가벼운 말다툼으로 싸움이 끝나기도 하지만 그 마음 밑에는 경쟁에서 지기 싫다는 심리도 깔려있다. 칼을 들고 싸우는 모습은 살벌하기도 하지만 경쟁은 장난이 아니고 싸움도 누구나 장난으로 시작하지는 않는다. 싸움카드는 경쟁한다는 의미도 있다. 사람은 살아가면서 누군가의 라이벌이 되기도 하고 또 내가 누군가를 극복해야 할 때도 있다.

카드의 의미: 경쟁. 다툼. 힘겨루기. 힘든 사회생활. 방해자.

21 시 장

그림에 보이는 시장은 물건을 잔뜩 쌓아놓고 사람들과의 거래가 빈번히 일어난다. 사람들과 교류를 하면서 돈이 오가고 물건이 오가고 오가는 대화 속에 비록 장사지만 서로 소통한다. 잔뜩 쌓인 물건은 풍요로움도 상징한다. 바쁘고 정신없는 일상이다.

카드의 의미: 왕성한 소통. 왕성한 교류. 바쁜 일상. 풍요로움.

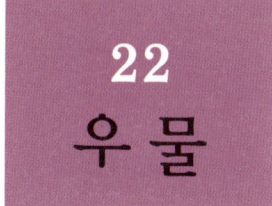

　옛 여인네가 고된 시집살이를 하며 일상생활에서 유일하게 잠시라도 속내를 털어놓을 수 있는 장소가 우물이었다. 아랫동네 복순이 뒷집 순이 우물에 물을 길러 나오면 두레박으로 물을 길으면서 이런저런 얘기를 한다. 그리고 지난밤 있었던 재미있는 이야기며 시어머니 흉 등을 은근히 보는 장소가 우물이다. 물을 길어 나르는 것도 힘든 일이지만 젊은 아낙들의 사람 사는 얘기를 들을 수 있는 장소다.

　　　　　카드의 의미: 소문. 수다. 모임.

23. 원 수

옛 속담에 원수는 외나무다리에서 만난다 라는 말이 있다. 늘 만나면 가만히 두지 않겠다고, 만난 원수를 절대 피할 수 없는 외나무다리에서 만났으니 사생결단을 내는 것 말고는 방법이 없다. 그렇다고 원수를 앞에 두고 뒷걸음질 쳐 원수에게 길을 내어줄 수도 없는 일 아닌가. 이 카드는 극명한 감정대립을 나타낸다 한 치의 양보조차 할 수 없는 골이 깊을 대로 깊어진 상황이다.

카드의 의미: 원수. 물러설 수 없음. 극적인 상황. 결말이 남. 끝장을 봄.

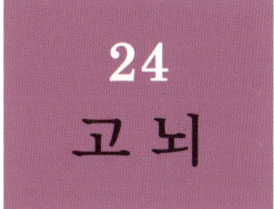

아무도 없는 방에서 혼자 고뇌하는 카드이다. 술 한 잔 따라주는 이 없는 이 서생은 무슨 일로 깊은 시름에 빠져있을까. 아마 혼자 생각하며 무언가를 포기하든지 아님 다시 한 번 도전하든지 혼자만의 시간을 가지며 고민에 빠져있다. 어떤 일을 하기 전에 심각하게 고민해보는 장면이기도 하다.

카드의 의미: 고독. 번민. 망설임. 슬픔. 외로움.

25
기 도

우리네 여인들은 어려운 일이나 간절하게 기원하고 싶을 때 어떤 방법으로 기도를 하였을까. 자신의 힘이 미약함은 알고 있지만 자신의 처지에서 최선을 다하는 모습이 눈물겹다. 제일 쉬운 방법이 정한수 한 그릇 작은 상에 떠놓고 뒤뜰에서 달을 보며 기원하고 또 기원했다. 그만큼 간절함이 절실했기 때문이리라. 요즘 들어서도 그 방법을 무시할 수는 없다. 두드려야 열린다는 말처럼 기원이 있어야 성취도 있을 거라 믿는다.

카드의 의미: 간절함. 기원. 바램. 정성. 모정.

26 지 게

지게는 책임감을 상징하는 동시에 성실성도 상징한다. 누구나 자신의 어깨에 짐이 있다고 생각한다. 심지어 자신이 짊어진 짐을 던져버리고 가벼운 마음으로 자신만을 생각하는 이기적인 사람도 많지만 이 지게 카드의 주인공은 결코 자신이 짊어진 책임감을 회피하지 않는다. 묵묵히 자신의 처한 환경에서 최선을 다할 뿐이다. 산더미 같은 짐은 무겁지만 자신의 처지에서 최선을 다하기에 주인공의 모습이 아름답다.

카드의 의미: 장남. 삶의 무게. 책임감. 헌신. 힘든 환경.

27 만남

처음 본 사람은 아니다. 예전부터 알던 사람인데 중간에 소식이 끊어져 궁금하였건만 요즘 같은 통신이 발달한 시대가 아니었기에 애만 태웠다가 다시 만나게 된 장면이다. 참으로 기쁘고 반가운 일이다. 멀리서 친구가 찾아오면 그 또한 기쁘지 아니한가라는 글귀가 생각나는 장면이다 그 기쁜 마음을 충분히 느낄 수 있다.

카드의 의미: 기쁜 소식. 반가움. 갑작스런 재회.

28. 포박

28
포박

 한 사람이 두 사람의 포졸에 의해 끌려가는 장면이다. 우리는 인생을 살면서 뜻하지 않게 자신의 자유의지를 구속당할 때가 있다. 꼭 나쁜 의미는 아니다. 자신의 책임감 의무 혹은 어쩔 수 없는 직장생활 등 본인의 진심과는 달리 사회의 규범이나 제약으로 인하여 꼼짝하지 못할 때가 있는 것이다.

카드의 의미: 답답한 상황. 억눌림. 관재구설. 시비.

29 원두막

29. 원두막

　갑작스런 소나기에 두 남녀가 각자 자신의 길을 가다 그 비를 피하기 위해 급히 원두막으로 피신하였다. 생면부지의 남녀이지만 어쩔 수 없이 말을 서로 나눌 수밖에 없다. 너무나 민망하고 어색한 자리이지만 이런저런 얘기가 오가고 두 사람은 자신도 모르게 상대방에게 매력을 느끼기 시작한다. 이제 막 새로운 인연이 시작된 것이다.

카드의 의미: 인연의 시작. 우연한 만남. 호감을 느낌. 설렘.

30 샛 길

30. 샛 길

  우리는 때때로 처음 정한 길이 아니라고 생각하고 도중하차하고 다른 길을 선택할 때가 있다. 남들은 넓은 길 놓아두고 좁고 험한 길을 가냐고 하지만 당사자는 지름길이라고 굳게 믿는다. 그러나 그 결과는 아무도 모른다. 다만 이 주인공은 가던 길을 빠져나와 독자적인 길을 가기로 결심했다는데 의미가 있다.

카드의 의미: 방향 전환. 독자노선. 새로운 길의 개척. 힘든 여정.

31 겨울

31. 겨 울

　사방이 얼어붙은 겨울이다. 우리는 일이 잘 풀리지 않을 때 아직 춥다 꽁꽁 얼어붙었다라고 표현한다. 그 표현처럼 상황이 좀처럼 나아질 기미를 보이지 않을 때 이 카드가 등장한다. 이성간에도 무언가 냉전의 기미가 오래갈 때도 이 카드가 등장하고 하던 사업에 좀처럼 호재가 작용하지 않을 때도 이 카드가 등장한다. 하지만 기다리면 절로 봄은 올 것이다. 너무 실망하지 않는 게 좋겠다. 어서 추운 겨울이 지나고 따뜻한 봄이 오길 간절히 원할 뿐이다.

카드의 의미: 상황의 악화. 답답한 상황. 좀처럼 나아지지 않음.

32 입신양명

드디어 과거급제하여 어사화를 머리에 쓰고 가마를 타고 고향집으로 향하는 장면이다. 오랜 소원과 노력이 결실을 이루어 사람들이 칭송하고 부러워한다. 누구라도 한번쯤 인생의 이런 날을 꿈꾸지 않겠는가. 가문의 영광이자 행복의 최고치라고 할 수 있겠다. 모든 사람들이 열심히 살 때에는 이런 날이 오리라는 믿음 때문이 아니겠는가.

카드의 의미: 소원성취. 시험합격. 승진. 개천에서 용남.

33
열정적인 사랑

33. 열정적인 사랑

  누구나 만나서 사랑하고 혹은 결혼을 해보아서 알겠지만 만남이 꼭 열정적인 사랑으로 이어지지는 않는다. 어떤 일을 할 때도 그 일이 본인과도 잘 맞아야 됨은 물론 사람과의 합도 잘 맞아야 열정적인 사랑이 되는 것이다. 사람이 태어나 일이든 사랑이든 열정적일 수 있다는 것은 큰 행운이 아니겠는가. 시대를 불문하고 남녀가 좋아서 죽고 못 사는 모습은 보기 좋아 절로 미소가 지어진다.

카드의 의미: 불타는 사랑. 번창하는 사업. 절정기. 외도.

34
최고 고수

사람들은 자신이 하는 공부나 모든 일에서 최고가 되고 싶어 한다. 그러나 최고 일인자의 자리는 안타깝게도 그리 많지가 않다. 높은 곳으로 올라갈수록 자리는 한정되어 있고 가장 높은 자리는 한 자리 밖에 없고 그 자리가 고수의 자리이다. 이 고수는 그냥 된 것이 아닌 부단한 노력의 결과로 감히 넘지 못할 산처럼 그를 따를 자가 없다. 전문 직종을 가진 사람이나 평범한 직장인이라도 저 높은 고지에 한번 오르고 싶어 안달을 한다.

카드의 의미: 일인자. 성공한 사람. 부러움의 대상. 고집불통.

35 상여

상여카드라고해서 누가 꼭 죽고 사는 카드라고 생각하면 안 된다. 상여란 어떤 것인가. 겉은 화려한 꽃으로 뒤덮이고 사람들은 죽은 사람을 생각하며 곡을 한다. 화려한 상여를 보면 죽음도 잊고 그 화려함에 압도되기도 한다. 그러나 그 상여 안에는 이미 숨을 거둔 차가운 시체만이 있을 뿐이다. 상여카드의 의미는 겉은 화려하지만 겉모양만큼 실속이 없다는 것을 의미한다. 사람들 중에는 겉보기에는 화려해도 남들이 부러워하는 이면에 말 못할 아픔을 간직한 사람도 많다.

카드의 의미: 실속 없음. 외화내빈. 큰 슬픔. 죽음.

36
농 사

사람이란 누구나 어떤 일을 아무 때나 할 수 있는 것이 아니다. 조금 나이든 분들은 충분히 공감하는 말일 것이다. 공부도 때가 있고 결혼도 때가 있고 자식농사도 때가 있다는 말이 있다. 세월이 끝없이 남아 있을 것 같지만 어떤 시기를 놓치고 나면 따라잡기가 여간 힘든 것이 아니라는 걸 알 수 있다. 다행히 이 농부는 제때 남들이 논에 모를 심을 때 자신의 직분에 맡게 일을 시작한다.

카드의 의미: 제때에 맞춤. 일의 시작. 개업. 새로운 의지.

37 주 막

37. 주 막

　사람이 늘 일만 하고 사는 것은 아니다. 힘든 일과 끝에 여유시간을 찾아 흥겨운 자리를 마련하여 친구들과 어울려 담소를 나누는 것도 분명 행복한 일상 중 하나일 것이다. 스트레스는 날려버리고 한번 시원하게 웃고 내일을 준비하는 것도 좋은 일일 것이다. 또한 기쁜 일을 축하하기위해 사람들이 모이기도 하니 축하연의 의미도 담겨있다.

카드의 의미: 애주가. 기분 좋은 만남. 좋은 결과.

38. 절 구

사찰에 가면 돌로 만든 절구모양에 졸졸졸 흐르는 약수줄기가 너무 약해 언제 물이 찰까라는 생각을 해보지만 가랑비에 옷 젖는 줄 모르듯 꾸준한 수입도 잘 관리하면 경제적으로 힘들거나 고달프지는 않다. 작은 월급도 꾸준히만 들어오면 살만하다는 얘기이다. 그 물줄기가 약하다고 탓하지 말고 그 꾸준함을 기뻐해야 할 것이다.

카드의 의미: 꾸준한 수입. 안정된 월급. 한결같은 사람. 착한 성격.

39. 실 속

주변을 보면 남들에게는 힘드니 어쩌니 하면서 본인의 실속은 다 챙기는 얌체 같은 사람을 볼 수 있다. 남에게 드러내 놓지는 않지만 자신의 실속은 남에게 들키지 않고 하나하나 챙기는 사람이다. 얄밉기도 하지만 허술하고 마음 좋기 만한 사람보다는 현대에서는 더 많이 알아주는 사람이다. 남들 모르게 자신의 재산을 숨겨둔 광으로 가서 주변을 살피는 모습을 하고 있다.

카드의 의미: 숨겨둔 재산. 실속 있는 사람. 비밀이 많은 사람.

40. 도 화

40 도 화

　예전에 도화살이 있다고 하면 불행한 것으로 간주되었다. 여자의 경우에는 남자로 인해 구설에 오른다는 의미가 있었기 때문이다. 현대에 와선 도화의 의미도 많이 변하였다. 모든 일은 사람과 사람 사이에서 일이 생기는 것이니 인기가 있으면 그만큼 살기가 수월하다. 사람에게 인기가 없다면 재물 또한 모으기도 어려운 세상이다. 특히나 요즘은 인기가 바로 돈과 직접적으로 연결되니 예전의 부정적인 이미지도 많이 변한 것이 사실이다.

카드의 의미: 이성으로부터의 인기. 사업 면에서의 인기. 관심의 대상. 뛰어난 미모. 상냥한 성격.

41
나무꾼

41. 나무꾼

　나무꾼이 하늘의 여인의 옷을 훔쳐 아내로 삼는다는 전래동화를 모르는 이가 없을 것이다. 자신의 처지로서는 결코 만날 수 없는 선녀를 쟁취한 나무꾼의 모습이다. 결코 이루어지지 못할 만남이지만 나무꾼은 이 만남을 선택했고 결국 혼인하였다.

카드의 의미: 어려운 일의 성사.

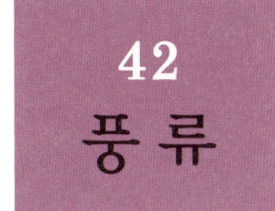

우리 조상들의 삶의 근간은 농사였다. 그러나 우리민족처럼 춤과 음악에 흥을 잘 타는 민족도 없을 것이다. 꽹과리나 장구 북 가야금 등 우리민족의 민속악기 뿐만 아니라 예술적 재능들은 오늘날 우리 후손들의 세계 진출로 이어지고 있다. 풍류카드는 예술을 사랑한다는 의미와 농사를 다 끝낸 뒤의 여유로움을 상징한다. 금강산도 식후경이라는 말과 같이 풍류의 여유는 어느 정도의 여유로움에서 나오지 않겠는가.

카드의 의미: 예술적 재능. 여유로운 일상.

43
잠자는 지게꾼

43. 잠자는 지게꾼

　잠자는 지게꾼을 바라보니 피곤함도 보이지만 우선 게으름이 느껴진다. 남들은 다 일하는 백주 대낮에 지게를 세워 놓고 자는 것을 보니 그리 부지런한 사람은 아닐성싶다. 매사에 부지런한 사람이 이 주인공을 보면 한심해 할 것 같다. 현실에 대해서는 대책이 없는 사람으로 보이기도 한다.

카드의 의미: 게으름. 불성실. 쉬어감.

44 이별

 견우와 직녀를 의미하는 카드이다. 두 사람은 너무 사랑하였지만 외부의 힘에 의해 어쩔 수 없이 긴 이별을 하게 된다. 만나고 싶다고 만날 수 있는 것도 아니다. 그 만남은 일 년에 한번으로 정해져 있을 뿐이다. 우리 인생도 이런저런 곡절에 의해 만나고 또한 헤어질 수밖에 없는 상황이 생긴다. 동업자와 일을 진행하다 뜻이 맞지 않아 헤어질 때도 있고 정말 사랑했지만 이런저런 이유로 돌아설 수밖에 없는 연인들도 있을 것이다. 그리고 야심차게 준비했던 일도 이런저런 이유로 억울하게 포기해야할 상황도 생긴다.

카드의 의미: 이별. 헤어짐. 일 중단. 학업 중단. 계약 파기.

45
봄

45. 봄

긴 긴 겨울동안 움츠리고 어서 봄이 오기만을 기다렸는데 드디어 계절이 따뜻해지면서 꽃망울이 꽃을 터트린다. 묶였던 일이 스스르 풀리고 좋은 일이 가득하다. 억지로 만든 따뜻함이 아니라 자연스럽게 찾아오는 행운 같아 더욱 기쁘다. 여인이 이 봄카드를 만나면 좋은 이성 운이 곧 다가올 것만 같다. 사업을 하는 사람은 과거의 힘든 상황이 지나가고 새로운 활력소가 생겨 기분 좋은 일이 가득할 것이다. 그야말로 봄이 온 것이다.

카드의 의미: 봄날. 행운. 역전. 기쁨. 순리.

여인이 가마솥에 쌀을 안치고 열심히 불을 때니 이제사 김이 난다. 애써 노력한 결과가 곧 보이는 순간이다. 이제 곧 뜸이 든다. 그 뜸만 들고 나면 고슬고슬 맛있는 밥을 곧 푸게 될 것이다.

카드의 의미: 기다린 보람. 다된 밥. 개봉박두.

47 돛단배

47. 돛단배

일의 진행이 매끄럽다. 하늘은 잠잠하고 바람은 산뜻하다. 우리가 하는 일을 기다린 것인양 바람도 우리 쪽으로 불어주고 있다. 사람들도 그 상쾌함에 즐거워하고 있다. 더 속도를 내기위해 돛을 내렸더니 돛에 바람이 흠뻑 들어가 속도가 두 배로 빨라진다. 이대로라면 목표 지점에 두 배는 빨리 도달할 것 같다.

카드의 의미: 일취월장. 순조로움. 매듭이 풀림.

48. 천하태평

48 천하태평

간혹 사람들 중에는 제 아무리 급한 일이 있어도 정작 본인은 천하태평인 사람들이 있다. 자기일인데도 남일 하듯 하는 사람들을 보면 주변에서는 참 답답함을 느끼면서 한마디씩 한다. 참 저 사람 천하태평이네 라고 말이다. 그리고 누가 뭐라 해도 급할 것 없고 오히려 이 세상과 등진 듯한 자기만의 세계에 빠져있는 사람도 의미한다.

카드의 의미: 요지부동. 태평세월. 자기만의 행복.

49 겨울 농사

49. 겨울 농사

사람들이 무슨 일은 할 때에는 시기와 순서가 있다. 가끔 주변사람들을 보면 자신의 처지와 상황판단을 잘못하여 손해를 보는 경우를 종종 본다. 안했으면 좋았을 텐데 하고. 그러나 그런 후회는 하고 난 뒤에는 소용이 없다. 하기 전에 심사숙고해 볼 일이다. 아직 겨울도 끝나지 않았는데 급한 마음에 농사를 시작하면 분명 농작물은 냉해를 입을 것이고 본인의 노력도 수포로 돌아갈 것이다. 겨울농사카드는 시기상조를 의미하며 어떤 일을 함에 있어 때가 되지 않았음을 의미한다. 이성간에도 너무 빨리 결과를 얻으려 하다 낭패를 볼 수도 있으니 한 번 더 자신을 돌아볼 것이다.

카드의 의미: 시기상조. 때를 기다려야 함. 보람 없는 일. 보람 없는 삶.

50 미관말직

이 사회에 나와 패기 있게 세상에 도전을 하였으나 아직 때가 아닌가 직급은 미관말직이다. 꾸준한 수입은 있으나 박봉이고 그렇다고 남들이 우러러보지도 않는다. 그러나 그보다 못한 사람들은 그를 우러러본다. 아직 사회적으로 힘이 없어 누구를 애써 도와줄 입장은 아니지만 성실하고 자기 직분에 충실하다.

카드의 의미: 성실함 낮은 직급. 수줍음 많은 사람. 힘이 없는 남자.

51. 스 님

스님이 열심히 불공을 드리고 있다. 어떤 일에 공을 들인다라는 뜻이다. 그런데 가만히 보면 스님 앞에 젯밥이 가득하다. 과연 스님은 염불에만 관심이 있는 것일까. 젯밥에도 관심이 있는 것일까.

카드의 의미: 공을 들인다. 딴 마음이 있다.

52 벼랑

52. 벼랑

　절대 절명의 위기상황에 누가 나서서 자신을 도와주거나 구해준다면 얼마나 감사한 일일까. 둘러보면 힘들면 연락해라고 하는 사람은 많지만, 막상 어떤 일이 터지고 나면 진심으로 자신을 도와주는 이는 흔치않다. 이런저런 핑계를 대기 일쑤이다. 자신이 위기에 처했을 때는 타이밍이 중요하다. 일이 다 끝난 다음에 나를 부르지 왜 안 불렀냐고 너스레를 떠는 사람도 많다. 그러나 위기에 처해보면 뜻하지 않는 사람이 자신을 구해줄 때가 있다.

카드의 의미: 절박한 상황. 구원의 손길.

53 유혹

53. 유혹

떡쇠는 도끼로 나무를 쪼개다 사랑하는 삼월이를 바라보고 있다. 그러나 안방에는 삼년 전 사별하고 혼자 있는 안방마님의 눈길이 예사롭지 않다. 떡쇠는 처음에는 애써 외면했으나 그도 남자인지라 마님을 바라보며 요상한 마음이 드는 것도 사실이다. 마님의 유혹에 넘어가는 순간 주변의 지탄으로 요절날 수도 있기 때문에 망설이고는 있지만 그녀의 유혹은 끈질기고 떡쇠도 흔들리고 있다.

카드의 의미: 유혹. 갈등. 번민. 망설임.

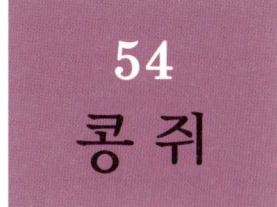

54. 콩 쥐

　팥쥐와 계모 그리고 심지어 콩쥐의 생부마저 팥쥐 엄마에게 넘어가 콩쥐를 아예 내놓고 구박한다. 이제 미안함이나 어색함은 없다. 자연스레 콩쥐도 그 환경에 길들여져 한상에 밥을 먹지 못하고 마당 한 켠에서 서러운 찬밥덩어리를 삼킨다. 지은 죄도 없이 무리에서 이탈되어 소외당하는 콩쥐의 모습이 눈물겹다.

카드의 의미: 소외. 왕따. 서러움. 구박 당함.

55 무덕

55. 무 덕

여인은 신랑을 하늘처럼 떠받든다. 그녀는 매사에 최선을 다 한다. 남들이 하나를 해주면 자신은 둘을 해주어야 직정이 풀리고 매사에 열심 또 열심이다. 그녀는 신랑이 밖에서 돌아오면 신랑 발을 대야에 물을 떠와 씻어줄 정도로 극성이다. 하지만 그녀의 마음과는 달리 남자는 아내에게 감사하는 마음이 있는지 없는지 살짝 몰래 지나가는 아랫집 꽃분네를 흘깃거린다. 여인은 정말 주고도 마음을 알아주지 않아 무덕하다.

카드의 의미: 헌신적인 사랑. 보람 없는 고생. 남편의 바람기.

56
모 정

이 세상에 어미의 모정만큼 진한 사랑이 있을까. 불면 날아갈까 쥐면 터질까 안타까운 마음으로 엄마는 자식을 금덩이처럼 위한다. 모정카드는 어미의 마음처럼 자신을 챙겨주고 보살펴주는 후원자가 있음을 의미한다. 늘 든든하게 자신을 끔찍이 아껴준다면 그보다 더 든든한 일이 어디 있으랴.

카드의 의미: 든든한 후원자. 남다른 모성애. 지극정성 사랑.

57 상궁나인

57. 상궁나인

　이 카드의 의미는 평범하지 않는 사람 또는 직업을 의미한다. 농경사회 시절 대궐이라는 한정된 체계 속에서 일반 여인들과는 다른 삶을 살아가던 한 많은 여인 상궁과 나인들. 그러나 그녀들도 일과 능력에 따라 품계를 받고 최고가 되면 상궁의 위치에까지 오른다. 그 길이 쉽지 않지만 그 만큼 성과도 있다.

카드의 의미: 전문 직종. 성공한 여인. 중류층.

58. 거 부

누구나 부를 꿈꾸지만 누구나 성공할 수는 없다. 노력만으로도 되지 않고 그야말로 운만으로도 되지 않는 것이 부일 것이다. 옛 말에 작은 부자는 노력으로 이루어지나 큰 부자(巨富)는 하늘이 낸다고 하였다. 그 만큼 큰 부자의 길로 들어서는 것이 결코 만만치 않음을 말해준다. 그러나 뜻이 있다면 못 이룰 것이 무엇이겠는가.

카드의 의미: 큰 부자. 부자가 되고 싶은 욕망.

59 밑 빠진 독

59. 밑 빠진 독

사람들은 하루하루 나아지는 모습을 꿈꾸며 살아간다. 그러나 아무리 독에다 물을 채워도 물이 차지 않을 때가 있다. 바로 독 아래쪽에 조그만 구멍으로 물이 샐 때이다. 아무리 벌어도 나가는 구멍이 크다면 결코 독은 채워지지 않을 것이다. 항상 나아지지 않는 현실을 원망 말고 지금 새는 구멍이 어디인가부터 진단하여 단속을 해야 할 것이다.

카드의 의미: 쓸데없는 낭비. 돈이 모이지 않음. 발전 없는 현실.

60 회합

사람은 결코 혼자 살 수가 없다. 뜻이 맞는 친구, 지인, 모임, 각 방면의 사람들이 자신을 찾아 모여든다. 그 만큼 주변에서 자신을 인정하고 있음을 의미한다. 그리고 주변에 사람이 많다는 것은 개인적으로 행복한 일일 것이다. 또한 누군가가 자신을 알아주고 만나길 원한다면 얼마나 기쁜 일인가. 그들의 목적이 무엇이든 간에 대인관계가 원만하고 많은 사람들이 자신을 따른다면 기쁜 일일 것이다.

카드의 의미: 주변에 사람이 많음. 여럿이 의논함. 단체.

61 유람

61. 유람

　답답한 자신의 주변을 지나 마음에 맞는 사람 혹은 연인과 살던 곳을 떠나 잠시 유람을 즐기는 모습이다. 일상생활을 탈출하여 잠시 즐겨보는 행복한 시간이 느껴진다. 답답함을 씻어버리고 즐거운 시간을 마련하여 행복한 시간을 보내는 카드이다. 또한 잔잔한 강을 따라 배가 지나가니 일이 순조롭게 풀린다는 뜻도 있다.

카드의 의미: 일상탈출. 여행. 순조롭게 풀리는 일.

62 해

62. 해

　해가 중천에 떠있으면 한참 왕성하게 활동함을 의미한다. 그 시간에 게으르거나 빈둥댄다면 틀림없이 문제가 있는 남자일 것이다. 남자는 남자로써의 의무를 다하며 열심히 직분을 다한다. 해의 아래쪽에 수줍게 보이는 달의 의미는 남자의 기세에 그저 따라가는 순종적인 여인의 모습이다. 이 카드를 만난 여인은 남자의 뜻을 거스를 수는 없다. 여인이 기가 한풀 꺾였기 때문이다.

카드의 의미: 기센남자. 왕성한 남자. 여인을 휘어잡는 남자.

63 반목

63. 반목

무언가 편치 않다. 결렬하게 싸운 것도 아니지만 뭔가 섭섭함이 쌓이다 보니 말도 섞지 않게 되고 부부 사이가 점점 소원해져 이제는 돌아앉기까지 한다. 이 냉전이 언제까지 갈 지는 두고 볼 일이다. 한 사람만 돌아 앉은 게 아니라 서로 기분이 언짢은 내용이다. 그래서 쉽게 끝날 것 같진 않다.

카드의 의미: 토라짐. 불만. 의견대립. 미움. 반목.

64 중전

여인으로서 이 카드는 최고의 카드이다. 만인지상의 자리이므로 영광일뿐더러 여인 자체도 완벽한 여인을 의미한다. 남자가 이 카드를 보면 최고의 여인을 맞는다는 뜻이 있다.

카드의 의미: 고귀한 신분. 고귀한 여인. 최고의 여인. 착한 여인.

65 배나무

65. 배나무

하여간 배나무 아래서는 갓 끈을 고쳐 매지 말라는 속담이 있다. 본인의 의사와는 달리 멀리서나 주변에서 보면 배를 서리하는 것처럼 보이기 때문이다. 괜한 오해를 받거나 구설수에 오르면 무엇이 좋겠는가. 그러나 많은 사람이 모여 사는 인간세상이다 보니 작은 일로 오해를 사고 오해를 직접 해명하지 않아 주의로부터 질타를 받기도 한다. 자신이 오해를 받고 있을 때는 적극적인 해명이 필요할 것이다. 그래도 오해가 풀리지 않는다면 세월을 기다릴 수밖에 없을 것이다.

카드의 의미: 뜻하지 않는 오해. 망신. 시기. 질투.

66
돌다리

이 돌다리를 놓아주는 청년의 마음은 참으로 아름답다. 한 여인의 옷이 젖을까봐 적극적으로 나서 돌다리를 놓고 있다. 하나하나 놓다보니 어느새 끝이 나 보인다.

카드의 의미: 배려하는 마음. 아껴주는 마음. 순서대로의 진행.

67 지 도

67. 지 도

　대동여지도를 만들기 위해 김정호가 전국 방방곡곡 안 가 본 곳이 없었다고 한다. 그토록 지도를 만들기가 쉽지 않았을 것인데 김정호는 자신의 사명으로 알고 그 힘든 일을 해내었다. 어떤 일을 이루고자하는데 그 길이 멀 때도 있지만 그 길을 포기하지 않고 끝까지 해내는 사람이 있다.

카드의 의미: 이민. 유학. 힘든 길. 먼 길. 쉽지 않은 상황.

68 동반자

인생의 먼 길에서 혼자 나아간다는 것이 얼마나 힘든 일인가. 한양에 과거시험 보러 길을 떠날 때 한양까지 의지하면서 동문수학하던 친구와 길을 떠나는 장면이다. 뜻이 맞는 친구나 동반자가 있어 서로 의논하고 기대면서 같은 길을 갈 수 있다면 정말 아름다울 것이다.

카드의 의미: 동업자. 부부. 연인. 단짝. 마음 맞는 친구.

69 믿는 도끼

69. 믿는 도끼

　우리는 우선 주변의 가까운 사람을 잘 믿는다. 내 사정을 누구보다도 잘 알고 그래서 굳이 말로 사정을 다 말하지 않아도 척척 알아서 해결해 주는 해결사 같은 지인을 어찌 믿지 않을 수 있으랴. 그러나 항상 적은 가까이 있다는 말과 같이 너무 잘 알기에 나의 약점이나 사정을 악의적으로 이용하여 뜬금없이 뒤통수를 맞을 때가 있다. 너 만은 믿었는데… 라고 말하지만 말한 사람만 오히려 바보가 된 것 같다. 하소연 해보았자 그렇게 사람 볼 줄 모르냐고 오히려 핀잔만 듣기 일쑤이다. 그래서 천 길 물속은 알아도 한 길 사람 속은 모른다 라는 말도 있지 않겠는가.

카드의 의미: 가까운 사람으로부터의 배신. 모함. 분노.

70 동헌

동헌이란 요즘으로 치면 경찰서에 해당한다. 갈등이 웬만큼 깊어서야 경찰서를 찾겠는가. 아주 마음이 상하고 또는 어쩔 수 없는 일에 연루되어 동헌을 찾을 수밖에 없을 만큼 감정이 좋지 않을 때를 의미한다.

카드의 의미: 구설. 시비. 긴급상황.

71 화재

71. 화 재

내 집에 불난 것만큼 긴박하고 바쁜 일이 어디 있겠는가. 어서 물을 뿌려 불을 끈 다음 다른 일을 생각해볼 문제다. 화재카드는 급한 일 급한 상황을 의미하는 카드이다.

카드의 의미: 긴급 상황. 충격적인 일. 놀라운 일. 우환.

72 과부

요즘 들어 나 홀로 가정이 급증하고 있다. 처음부터 운이 좋아 뜻이 맞는 사람이 있어 먼 인생길 같이 하면 좋지만은 그게 뜻하지 않게 좌절되어 어쩔 수 없이 혼자 생계를 책임지고 사는 사람들이 많다. 외롭고 고독하지만 자신의 처한 환경을 탓하고만 있을 수 없지 않겠는가. 또 하루하루를 열심히 살지 않으면 누가 자신을 도와주겠는가. 그저 앞만 보고 살 뿐이다. 고독하고 적적하지만 우선 앞을 바라보며 살고 있다.

카드의 의미: 외로움. 고독. 홀로 운명 개척.

73 풍 랑

73. 풍 랑

어찌 바다라 하여 잔잔하기만 하겠는가. 일촉즉발의 위기사항이 눈앞에 펼쳐진다. 천둥번개는 치고 힘없는 배는 바다가 삼킬지도 모르는 상황에서 악전고투하고 있다.

카드의 의미: 닥쳐온 위기. 악전고투. 힘든 상황.

74. 달

드디어 밤이 이슥해진다. 낮에는 해의 기세에 눌렸던 달이 하늘 위로 솟구친다. 이윽고 음기 가득한 밤이 온 것이다. 태양은 저 산 밑으로 숨어버리고 음기 가득한 밤에 달의 기운이 창창하다.

카드의 의미: 드센 여성. 강한 여성. 똑똑한 여성. 남성을 능가하는 여성.

75 존경

75. 존 경

누구나 사람은 일을 할 때 부(富)만을 좇지는 않는다. 주변사람들에게 덕망도 쌓고 좋은 이미지로 남고 싶어 한다. 늘 한결같고 유달리 인품이 고고한 사람에게는 누구라도 절로 고개가 숙여지는 법이다.

카드의 의미: 덕망. 인심. 존경. 선망의 대상.

76
야 단

누구나 자신이 하는 일이 옳다고 고집을 부리지만 잘못된 길로 갈 때에는 주위로부터 혼이 날 때가 있다. 자신이 무얼 잘못했는지 모르고 있다가 갑작스런 야단에 꼬마는 눈물을 흘린다. 세상에 야단을 쳐주는 사람이 있을 때 오히려 행복한 것이 아닐까. 잘못된 길로 가는 것을 뻔히 보고도 모르는 척 남의 일에 끼기 싫어하는 사람이 한둘인가. 적극적으로 매 인생에 개입해 쓴 소리를 해주는 것도 감사한 일일 것이다.

카드의 의미: 야단. 충고. 실수. 부끄러운 짓.

77 추 수

77. 추 수

몇 달간 고된 노동과 날씨와 싸운 보람이 결실로 나타나는 순간이다. 고된 노동의 결과는 알알이 열린 알곡들이 보람을 느끼게 한다. 힘들었지만 감사하고 보람되다. 또한 풍요롭고 기쁘기 그지없다.

카드의 의미: 고생한 보람. 기쁨. 감사. 충만.

78 선비

78. 선 비

　아직 선비는 입신양명에 이르지는 못했다. 하지만 그 길로 가기 위해서는 준비와 공부만이 살 길이다. 너무 오래 공부만 하는 것 같아 아내와 주변사람들의 눈치는 보이지만 이미 갈 길이 정해진 마당에 되돌릴 수도 없는 일이다.

카드의 의미: 꾸준한 노력. 준비 시간. 공부.

79 임금

79. 임금

　세상에서 만날 수 있는 가장 지존이다. 우리가 쉽게 나랏님을 뵈올 수 있는가. 개인에게는 정말 영광이고 황공한 일이다. 나랏님을 뵈오려면 자신에게 영광스러운 일이 있어야 하지 않겠는가.

카드의 의미: 최고의 위치. 영광스러운 일. 최고의 남자. 일의 성사.

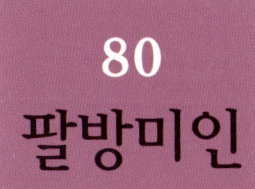

80. 팔방미인

주변에 보면 못하는 것이 없는 사람들이 있다. 남들은 재주가 하나도 없는데 무엇이든 맡기면 척척 자기가 맡은 일은 알아서 잘 해 내는 사람이 있다. 어디서 무슨 일을 시켜도 거뜬하게 해내는 재주 많은 사람을 팔방미인이라 한다.

카드의 의미: 다양한 재주. 능력있는 사람. 인정받는 사람.

부록 / 사주 오라클 카드 임상 사례

　타로카드의 이런저런 힘든 점을 보완하여 나온 사주 오라클 카드를 보는 방법을 몇 가지 예를 들어 보자.

　먼저 카드를 보는 성별 연령대를 먼저 확인한다. 카드 점을 보는데 나이에 전혀 맞지 않는 이야기를 해서는 안 되기 때문이다. 그 다음 질문자의 질문 의도를 정확히 파악해야 한다. 이 카드로 연애운은 연애운대로 통변을 해야 하고, 미래의 진로는 진로대로 통변을 해야 하기 때문이다. 그리고 질문자가 대학생일 때의 고민과 비록 나이가 어리더라도 주부일 때의 고민은 다를 수밖에 없다. 또 같은 대학생이라도 연애문제와 진로문제의 통변은 당연히 다를 수밖에 없다. 따라서 질문 내용에 따라 한 두 가지 간단한 정보는 물어보는 것이 순서이다.

예1)
현재 20대 초반 어린 여대생. 진로문제를 걱정하며 카드를 뽑았다.

40번 도화 / 26번 지게꾼 / 74번 달 / 78번 선비 / 46번 가마솥

이 순서대로 카드를 뽑았다.

40. 도화

1. 도화 카드가 나온 것으로 봐서 이 여대생은 주변으로부터 인기가 많다. 예전에 도화라 함은 흉이 되지만 요즘은 인기 없으면 그 어떤 일도 성공할 수가 없다. 사람들이 아가씨를 많이 좋아한다. 그래서 직장에 가도 싹싹하고 예의 바르게 자신의 일에 관한 처신을 잘 할 것이라 보여준다.

26. 지게꾼

2. 그런데 그 다음 지게꾼카드가 나왔다. 아가씨의 입장은 가정에서 가장의 역할을 맡거나 아니면 집안의 걱정을 많이 해야 되는 입장에 처해있다. 부모님의 입장에서 아가씨가 돈을 벌지 않아도 되는 넉넉한 형편은 아닌 것으로 보인다.

74. 달

3. 그러나 걱정마시라. 해가 아래에 있고 달이 높이 떠있는 것은 여자의 기운이 남자보다 강하다는 의미이니 여자라서 뒤로 물러선다든지 하지 않고 남자보다 더 적극적인 기운을 갖고 있다.

4. 어, 그런데 선비카드가 나왔네. 이 선비는 아직 입신양명을 하지 못했다. 지금 현재 열심히 공부해서 과거시험을 볼 준비를 하는 단계로, 아가씨의 입장도 현재 그렇다.

78. 선비

5. 자 그럼 마지막 카드가 아가씨의 향후 몇 달 뒤의 미래인데, 이제 곧 밥이 뜸 들려고 한다. 뜸만 들면 고슬고슬한 밥을 맛있게 먹을 수 있듯이 빠른 시일 내에 취업과 관련된 좋은 소식이 들어올 것 같다. 취업에 대한 모든 준비는 끝이 나 있고 곧 취업의 문이 열릴 기운이 보인다.

46. 가마솥

예) 앞의 그림을 가지고 연애문제에 대한 상담을 해보자.

자 아가씨는 주변의 많은 남성들이 아가씨의 관심을 끌려고 애쓰고 있다. 늘 인기가 많기 때문에. 그런데 어쩐지 아가씨는 한 남자에게 올인한다는 것이 상당한 부담으로 작용하는 것 같다. 가정형편이나 여러 가지 상황들이 아직 연애를 제대로 하기에는 부담스러워 했던 것 같다.

아가씨는 남자를 만날 때 고분고분하게 남자의 비위를 맞추거나 하지 않고 자기 주장이나 의도대로 자기한테 맞추어 주는 사람이 좋다. 터프가이나 강한 남자보다는 자기를 보필해주는 순한 남성이 인연인 것 같다. 아직 한사람에게 마음을 온전히 다 준 상태는 아니고 성실하고 자상한 한 남자를 마음에 두고 있는 것 같다.

그런데 앞으로의 미래는 별무리 없이 순조롭게 아가씨가 지켜보던 그 사람과 잘 연결되어 좋은 관계로 발전할 것 같다.

같은 그림과 순서라 해도 상대방이 궁금해 하는 내용과 그 사람의 상황에 따라 어느 정도 융통성은 발휘되어야 한다.

예2) 30대 중반의 주부의 남편에 관한 점사이다

32번 입신양명 / 51번 스님 / 19번 혼인 / 63번 반목 / 15번 과거시험 카드가 나왔다고 하자

1. (입신양명) 당신의 남편은 어느 정도 사회에서 인정도 받고 성공한 남자다. 결코 별 볼일 없는 그런 시시한 남편은 아니다. 2. (스님) 또한 남편은 당신을 만날 때 많은 정성을 들여 당신을 감동시키고 잘 해주어 3. (혼인) 결국 행복한 결혼을 했다. 4. (반목) 자 그런데 무슨 일인지 몰라도 요즘 남편과의 사이가 좋지 않다. 한방을 쓰지만 분위기가 냉랭하다. 지난 과거와는 다른 냉랭한 기운이 감돈다. 그렇다고 아주 이별을 감행할 정도의 심각한 상황은 아니다.

5. (과거시험) 그런데 마지막에 과거시험카드가 나왔네. 남편의 마음

과는 달리 지금 당신의 마음은 의외로 심각하다. 남편의 행동여하에 따라 마음을 풀 정도의 여유는 있지만 칼자루는 남편의 행동여하에 달린 것 같다. 과거시험처럼 결과는 기다려봐야 아는 것이니까 조금 더 기다려봐야 할 것 같다. 아마 좋게 마무리 될 가능성이 높다. 지금 마음은 그렇지만 부부싸움은 칼로 물 베기이니까.

예) 앞의 그림을 가지고 사업하는 40대 남자의 점사를 보자.

1. 자 당신이 하는 사업은 과거에 남들이 모두 부러워할 만큼 잘나갔다. 조금 잘 나간 것이 아니고 남보란 듯이 잘 되었다. 그 이유는 다른 것보다 당신의 남다른 노력으로 이룬 것 같다. 사랑이나 일이나 노력 없이는 쉽게 이루어지지 않는다. 2. 그리고 스님카드를 보니 당신의 노력이 엿보인다. 그리고 그 사업으로 이루어놓은 것도 많다. 3. 결혼카드는 어떤 결실이 이루어지는 의미이니까.

4. 그런데 반목카드가 나왔네. 아주 심각한 상태는 아니지만 하는 일에 약간의 브레이크가 걸린 상태라 우선 해결해야할 당면과제가 있는 듯하다. 5. 그 해결의 실마리는 시일이 조금 걸릴 듯. 맞다 아니다를 시험대에 놓고 그 답을 기다리는 것이 과거시험카드로 그 결과는 멀지 않은 미래에 나올 것이다. 조금 지켜보는 것이 좋을 듯하다.

예) 이것은 중년여인의 사랑에 관한 점사다. 마음에 두고 있는 한 사람이 있다고 한다. 그 사람의 마음과 앞으로의 진행방향에 대해 궁금해 했다.

58번 거부 / 3번 선녀 / 21번 시장 / 53번 유혹 / 30번 샛길,
이런 순서로 카드가 나왔다.

1. (거부) 당신이 만나고 있는 남자는 경제적으로 여유가 많은 사람이다. 2. (선녀) 처음 만난 이후 남자는 여인을 잘 대해준다. 그것은 천을귀인(天乙貴人)으로 상징되는 선녀카드가 나왔기 때문이다. 하늘에서 언제나 나를 도와주는 귀인카드가 나온 만큼 그 사람은 당신에게 귀인이다. 3. (시장) 그리고 두 사람의 만남은 빈번하게 이루어지고 교류가 빈번하다. 4. (유혹) 그런데 요즘 들어 그 남자에게 새로운 유혹이 들어와 흔들리고 있는 모습이 보인다.

5. (샛길) 그런데, 마지막카드를 보니 잘 가던 큰길을 놓아두고 남자는 다른 길을 선택해서 빠져 나가는 샛길 카드가 나왔네. 무리에서 벗어나 다른 노선을 선택한 것을 보니 한동안 사랑은 소강상태를 보일 것 같다. 그렇다고 해서 다시는 만날 수 없는 끝이라는 의미는 아니다. 이 카드 뒤에 나타날 일은 시간이 지난 뒤에 다시 보는 것이 정확할 것 같다.

이 카드를 뽑았는데 질문의 내용이 자신이 하는 사업에 관해서이다.

　1. 지난 과거에 사업을 해서 돈을 많이 벌었다. 2. 정확히 누구라고는 알 수 없으나 그것은 당신을 물심양면으로 희생적으로 도와주는 귀인이 있었기에 가능하다. 3. 그리고 그 일은 늘 거래가 활발하고 빈번하게 일어나서 기분 좋은 호황을 누렸다. 4. 그런데 더 좋은 사업아이템이 있다든지 한번 다른 일을 해보자는 제의나 유혹이 당신에게 들어왔다. 당신은 이미 그 길로 갈 마음이 있는 것 같다. 5. 그러나 그 길이 꼭 안 좋거나 나쁜 길인지는 아직 알 수 없다. 단지 카드에서 나타난 것은 당신이 지금까지 걸어왔던 길이 아닌 새로운 길로 가게 된다는 것이다.

　6장의 카드 보는 법과 8장의 카드 보는 법도 위와 같이 동일하다. 좀 더 세세한 설명을 할 수 있다는 것이 다른 점이다.

●우선, 6장의 카드 보는 법을 소개하기로 한다.

62. 해 / 70. 동헌 / 55. 무덕 / 77. 추수 / 18. 노인 / 35. 상여

30대 주부의 자신에 관련된 내용으로 통변을 한다.

　1. (해) 당신의 가정에서는 당신의 목소리보다 남편의 목소리가 더 크

다. 당신은 늘 남편 위주로 돌아가는 현실에 염증을 느끼고 있다. 2. (동헌) 동헌은 꼭 구설 시비를 말하는 것만은 아니다. 감정의 극한상황도 말한다. 3. (무덕) 그래도 당신은 아내로서의 직분에 최선을 다한다. 그야말로 하늘이 낸 현모양처다. 그러나 남편은 당신의 고마움을 잘 모르는 것 같다. 4. (추수) 얼마간은 고생한 보람이 있어 뭔가 결실을 얻는 듯하다. 보람을 느끼는 그런 일도 있다. 5. (노인) 그러나 당신의 마음은 이미 많이 지쳐있다. 더 열심히 살 기운을 잃은 듯 하다. 6. (상여) 저 상여카드처럼 남 보기에는 보기 좋고 아름다운 가정이지만 당신의 마음은 지금 남들이 보는 것만큼 좋아 보이지 않다. 당분간 당신이 어떤 변화를 적극적으로 주도하지 않는다면 지금의 상황은 그대로 지속될 것 같다.

●8장의 카드 보는 법을 소개한다.

25. 기도

27. 만남

60. 회합

17. 병자

56. 모정

31. 겨울

46. 솥단지

38. 절구

25. 기도 / 27. 만남 / 60. 회합 / 17. 병자 / 56. 모정 / 31. 겨울 / 46. 솥단지 / 38. 절구

40대 남성의 운세에 관련된 통변으로 한다.

1. **(기도)** 당신은 간절하게 성공을 기원하고 있다. 꼭 한번 성공하고 싶다고 늘 마음먹어 왔기 때문인데, 2. **(만남)** 그러다 우연한 기회에 좋은 소식이 들려온다. 3. **(회합)** 그 일로 인하여 주변에 사람이 많이 모이고 일은 진전이 되나 4. **(병자)** 그 결과는 생각처럼 쉽지 않아 마음에 많은 상처를 입고 힘들어 하고 있다. 5. **(모정)** 그래도 당신을 지켜주는 힘은 따뜻한 가족의 격려와 사랑으로 다시 힘을 내게 된다. 6. **(겨울)** 생각처럼 쉽게 봄은 오지 않았고 추운 겨울 같은 상황은 당분간 계속될 것이다. 7. **(솥단지)** 그런데 그 세월이 끝나고 앞으로 당신이 하는 일은 좋은 결과가 있을 듯하다. 조금만 기다리면 어떤 결과가 나올 것 같으니까.

8. **(절구)** 그러나 그 일은 한방으로 크게 성공하는 일은 아니다. 작은 물이 모여 항상 물을 채우듯 늘 일정한 수입으로 목마른 당신을 채워 줄 것이다. 큰 사업이 아닌 일정한 월급이나 안정된 수입을 상징하기 때문에 생활하는 데는 지장이 없고 안정감을 느낄 것이다.

자, 이와 같이 여러 가지 예문이나 상황에 따른 통변하는 법을 설명하였다. 상징성이 타로카드와 달리 한 장당 두세 가지 정도이기 때문에 처음 이 카드를 접하는 사람도 생소하지 않을 것이다. 게다가 다 내 고향 내 조상의 그림이라 대하는 마음도 친근할 것이다. 그림이 펼쳐지는 순서에 따라 자연스럽게 이야기를 이어가듯 쉬우면서도 부담스럽지 않은 이야기로 이끌어 갈 수 있는 것이 이 사주카드의 특징이라고 할 수 있다.

그림의 내용이 타로카드처럼 알지 못하는 상징성이 아닌 관계로 처음 대하는 상담자가 보아도 억지스럽다는 느낌은 전혀 들지 않을 것이다. 점사를 보는 사람이 좀 더 정확성을 기하기 위해서는, 상담자와 자연스럽게 대화를 하면서 상담자의 상황에 맞추어 통변하려는 노력은 말하지 않아도 잘 알 것이다.

부록 / 점사를 보기 전, 알아두면 유익한 명리학의 기초

　명리학(命理學)은 사람이 태어난 년월일시를 음양오행으로 표현한 것으로, 네 개의 기둥을 이루고 있어 사주라고 부르며, 전체의 글자가 여덟 자로 이루어져 팔자라고 부른다. 사람이 태어나서 죽을 때까지 긴 세월 동안 자기가 태어난 년월일시의 힘에 의해 운명이 결정된다는 사실에 어떤 이는 억울해 하기도 할 것이다. 그러나 저자의 수많은 경험측상으로 볼 때 무조건의 '나쁜 사주'란 없다고 말할 수 있다. 그 이유는 성공은 자신이 만들어 가는 것이기 때문이다.

　각자 태어난 환경이 다르고 살아가는 형태가 다르기 때문에 상대방이 지닌 능력을 자신은 가지지 못했다고 해서 남이 가진 능력을 내가 빼앗지는 못한다. 그러나 자신의 능력 한계에서 모든 것을 선택할 자유와 권리는 누구에게나 있다. 그러므로 자신의 사주가 나쁘다고 체념만 하지 말고 그 사주가 일러주는 단점들을 잘 보완하고 몸과 마음을 수련하며 노력하면 그 단점이 장점으로 바뀌고 대운이 따를 수도 있기 때문이다.

　숙명과 운명의 압박 속에서 벗어나려는 인간들의 지혜는 미래를 규명하여 인간 생활에 이용하려고 노력하였다. 이러한 인간의 노력과 연구의 역사는, 동서양 모두 지금으로부터 약 오천 년 전 밤하늘의 별을 보고 앞날을 예지하는 점성술로 시작되었는데, 이것은 해와 달 그리고 행성의 움직임이 인간의 운명과 연관성이 있다는 논리에 근거를 둔 것이다.

서양의 점성술은 입춘에서 한 해를 시작하는 동양의 역학과는 달리 춘분을 기준으로 한 해를 시작한다. 그리고 한 해를 십이궁(十二宮), 하루를 십이지(十二支)로 나누어 예지하는데 유럽에서는 집시들이 애용했던 78장의 카드로 점을 치는 '타로' 라는 카드 점이 번성했다.

동양의 점술은 약 사천 년 전부터 대체로 음양(陰陽)과 오행(五行)을 이용하여 점을 보았는데, 이것을 종합하여 추명학이라고 부르고, 음양의 오행을 이용하여 시간적인 개념을 도입한 명리학을 위시하여 오성술, 구성학, 육임, 자미두수 등이 미래 역학으로 점진적 발전을 하였다.

우리들이 흔히 이야기하는 '운' 이란 바로 그 사람에게 깃들어 있는 '하늘의 기운' 을 말한다. 그 사람의 기운과 하늘의 기운이 일치하고 호흡이 잘 맞아 무언의 조화를 이룰 때는 운이 좋아서 만사형통하지만 자신의 기운과 하늘의 기운이 서로 어긋나면 하늘의 기운에 적응하지 못하여 흉한 일이 일어나게 된다.

인간이 이 세상에 태어나 자신의 힘으로 산소호흡을 처음 하는 순간, 하늘의 기운이 체내로 들어와 아기의 체질을 만든다. 그 때 그 순간 태양은 어디에 있고, 달은 어디에 있으며, 기후는 어떠한 가에 따라 정해지는 것이니 참으로 의미심장하고 중요한 순간이 아닐 수 없다. 그 만큼 태어난 날과 시간은 중요한 것이다.

앞에도 말했듯이 그렇다면 생년월일시의 사주팔자는 절대적인 것인가? 저자는 절대적이지 않다고 본다. 운이 전 생애에 걸쳐서 지대한 영향력은 발휘하지만, 절대로 변경 및 전환을 못하지는 않는다. 하늘은 스스로 돕는 자를 돕고 간절함이 클수록 이루어짐은 꼭 있으며, 어려움이 있음으로 극복하려는 의지가 있고 그 의지가 바로 하늘의 축복으로 연결되기 때문이다. 나 자신을 바로 알고, 있는 힘을 다 해 최선을 다 하면 누구든지 반드시 크게 성공할 것이다.

우주란 천지사방과 삼라만상의 모든 만물을 포용하는 공간이다. 그런데 우주는 본래부터 존재했던 것이 아니고 이루 헤아릴 수 없는 수억 광년의 세월에 걸쳐서 이루어진 모든 천체를 포함하는 광활한 공간으로 우주가 시작된 원리를 동양철학에서는 다음과 같이 말한다.

　하늘도 땅도 물질도 형체도 없던 시기가 있었는데, 이 시기는 어둡고 끝이 없는 무한함의 극치인 공허한 상태였다. 무극의 세월이 거듭되는 가운데 지금부터 약 백 수십억 년 전에 일어난 우주의 대폭발로 인하여 우주가 팽창을 개시할 무렵 홀연히 한 점의 기운 일기(一氣)가 나타나고 또 세월이 지나 한층 진화하여 음과 양의 시대가 도래하고 동시에 오행으로 화한 기운을 내포하고 있어 음양오행의 신비하고 오묘한 기운이 서로 부딪히고 한 대 엉겨 뭉침으로 해서 우주가 열리고 천체가 창조되어 세상이 조화를 이룸으로서 점점 진화되어 음양이 탄생되었다.

　음양(陰陽)이란 음(陰)과 양(陽) 두 개의 기체가 서로 결합하여 이루어진 헤아릴 수 없는 하나의 조직체로서 상대적인 개념으로 분석한다. 동적인 것과 정적인 것, 양지와 음지, 위와 아래, 맑음과 흐림, 강함과 약함, 시작과 끝, 남자와 여자, 임금과 신하, 소년과 노인, 물과 불, 해와 달, 여름과 겨울, 등 시간과 공간 속에서 한 없이 변화하는 우주와 만물의 원리를 탐구하는 뿌리가 음양인 것이다.

　오행이란 우주 삼라만상의 변화하는 원리를 나무·불·흙·쇠·물로 함축시켜 놓은 것이다. 이것은 춘하추동의 사계절과 시간·방위·공간·인간·우주의 근본적인 법칙을 다섯 종류의 상으로 설명한 것으로서 복합적인 개념을 가지고 연속적으로 변화하고 있는 것이 오행이다.

　간지(干支)라고 하는 것은 십간(十干)과 십이지(十二支)를 말하는데, 음양은 오행으로 나뉘고, 오행은 다시 십간 십이지로 발전하며, 분열과

확장을 거듭하며 우주의 근간을 이룬다. 그러므로 십간과 십이지는 음양오행의 기운을 표현하는 가장 대표적인 기호이다.

천간(天干)과 지지(支持)는 우주의 원리를 표현한 것으로서 명리학 해석의 근본적인 바탕이 된다. 간(干)은 천간을 말하며 열 개로 이루어져 십간(十干)이라 하고, 지(支)는 지지(支持)를 말하는 것으로 열두 개로 이루어져 십이지(十二支)라 하며, 천간과 지지를 일컬어 간지(干支)라 칭한다. 갑(甲), 을(乙), 병(丙), 정(丁), 무(戊), 기(己), 경(庚), 신(申), 임(壬), 계(癸)의 십간과 자(子), 축(丑), 인(寅), 묘(卯), 진(辰), 사(巳), 오(午), 미(未), 신(申), 유(酉), 술(戌), 해(亥)의 십이지가 있다.

천간(天干)을 풀어 말하면 다음과 같다

갑(甲): 하늘이 처음 열리는 개벽이고 땅에서는 큰 나무를 상징하며 봄철에 나무의 껍질이 터져 새싹이 돋아나는 시기이다.
을(乙): 하늘에서는 바람의 작용을 상징하고 땅에서는 화초 넝쿨을 의미하며 모든 생물체기 처음 형상을 세상에 드러내는 어린 시절이다.
병(丙): 하늘에서는 태양을 상징하고 땅에서는 큰불을 의미하며 양의 기운이 가장 왕성하고 만물이 완연하게 그 모습을 드러내는 시기이다.
정(丁): 하늘에서는 달과 별이고 땅에서는 촛불·호롱불, 희미한 빛을 의미하며 만물이 성장하고 있는 상태를 의미한다.
무(戊): 하늘에서는 원석이나 먼지이고 땅에서는 큰 산을 의미하며 모든 생물체가 왕성하게 성장하는 것을 뜻한다.
기(己): 하늘에서는 구름이요 땅에서는 정원 작은 동산을 의미하며 만물의 성장이 완성단계에 이르렀음을 뜻한다.
경(庚): 하늘에서는 서리·이슬을 의미하고 땅에서는 철광석이나 큰 쇳덩이를 상징하며 모든 생물체가 자라서 거의 완성된 것을 뜻한다.

신(辛): 하늘에서는 얇은 서리이고 땅에서는 금·은 보화 또는 작은 쇳덩이를 의미한다. 만물이 성장을 끝내고 수확의 결실을 맺는 시기다.

임(壬): 하늘에서는 큰 비나 우뢰이고 땅에서는 바다를 의미하며 모든 성장이 한 시대를 마치고 다음 세대로 가기위한 마치 폭풍이 불어 닥치기 직전의 고요함을 뜻한다.

계(癸): 하늘에서는 습기·눈·안개이고, 땅에서는 시냇물·연못·이슬이다. 겨울이 얼마 남지 않았으며 다음의 새로운 세계가 시작되기 위해 서서히 움직이는 것이다.

지지(支持)는 땅이 가지고 있는 자연의 이치를 표현한 것

자(子): 양기가 서서히 움트는 것을 말하며, 씨앗을 잉태한 것과 같다.

축(丑): 한기가 스스로 물러나기 시작한 것이다.

인(寅): 따뜻한 기운이 들어와 모든 생물체가 활동을 시작하기 위해 준비중이다.

묘(卯): 모든 생물체가 드디어 땅 위로 솟아오는 것을 의미한다.

진(辰): 생물체가 힘을 얻어 발전할 기운을 가지고 있음을 뜻한다.

사(巳): 양기가 충만함을 말한다.

오(午): 음양이 서로 부딪히고 어우러지면서 활발히 교제하는 것을 의미한다.

미(未): 양의 쇠퇴가 시작된 것이다.

신(申): 모든 물체의 형태가 완성되었음을 의미한다.

유(酉): 그 결실을 얻기 위해 수확하는 시기이다.

술(戌): 모든 수확이 완료되었음을 의미한다.

해(亥): 한 시대는 끝났지만 다음을 위해 씨앗이 암장되어 있음을 의미한다.

중국 고대의 헌원씨황제가 나라의 어려움을 바로잡고 백성들의 평안을 위해 하늘에 축원기도를 하여 계시를 받아, 천간을 십간으로 하늘 모양을 본떠 만들었고, 지지는 십이지지로 땅의 모양을 본떠 만들었으며 열두 마리의 동물을 상징한다.

오행(五行)의 상생(相生)

오행간의 상관관계에서 한 오행이 다른 오행을 도와주는 것을 상생이라 한다. 상생관계는 목(木)은 화(火)를 생하고, 화(火)는 토(土)를 생하고, 토(土)는 금(金)을 생하고, 금(金)은 수(水)를 생하고, 수(水)는 목(木)을 생(生)한다. 즉 나무가 있어야 불이 열과 빛을 내며 타므로 목생화(木生火), 불이 타고 남은 재는 흙으로 돌아가서 화생토(火生土), 흙속에서 광석을 채취하므로 토생금(土生金), 차가운 쇠에는 물이 맺히고 금속은 물로 씻어야 광채가 나므로 금생수(金生水), 물이 있어야 나무가 자랄 수 있으니 수생목(水生木)이다.

오행(五行)의 상극(相剋)

오행간의 상관 관례에서 한 오행이 다른 오행을 이기는 것을 상극(相剋)이라 한다. 상극관계는 목(木)은 토(土)를 극하고, 토(土)는 수(水)를 극하고, 수(水)는 화(火)를 극하고, 화(火)는 금(金)을 극하고, 금(金)은 목(木)을 극(剋)한다. 나무뿌리가 흙을 뚫고 들어가서 자리를 잡으니 목극토(木克土), 흙으로 댐을 만들어 물을 가두거나 매립하므로 토극수(土克水), 물이 불을 제압하니 수극화(水克火), 불로 쇠를 달구어 녹이므로 화극금(火克金), 쇠로 만든 도끼 등으로 나무를 자를 수 있으니 금극목(金克木)이다.

오행의 상생과 상극을 생각할 때 상생은 좋고 상극은 나쁘다고 생각할 수 있으나, 그것은 어떻게 사용하느냐에 따라 좋을 수도 있고 나쁠 수도 있다. 일반적으로 어느 한 오행이 힘이 넘쳐서 강하면 극하는 오행을 만나야 좋고 힘이 부족해서 약하면 생하는 오행을 만나야 좋다. 그러나 너무 많이 극하거나 너무 많이 생하여서 과잉보호가 된다면 오히려 나쁜 결과를 가져온다.

예를 들면 나무는 물이 부족하면 말라죽는데 반대로 물이 너무 많아도 뿌리가 썩어버려 더 나쁜 결과를 초래하고, 또 도끼로 나무를 쳐내므로 어린 나무에게는 치명적이지만 또한 쇠로 만든 톱과 대패가 있어 반듯한 목재를 만들어주니 극하는 금의 힘도 필요하다.

나무를 키울 때도 가지치기를 하는데 적당히 잘라내어야만 똑바로 자라서 쓸모있는 목재가 되지만 가지를 너무 많이 쳐내거나 하면 나무가 제멋대로 자라 결코 훌륭한 재목이 될 수 없다. 이와 같이 오행의 상생상극은 처한 상황에 대해 어떻게 어떤 작용을 하느냐에 따라 도움이 되기도 하고 오히려 해가 되기도 한다.

오행의 분류표

	목(木)	화(火)	토(土)	금(金)	수(水)
천간(天干)	갑을(甲乙)	병정(丙丁)	무기(戊己)	경신(庚申)	임계(壬癸)
지지(支持)	인묘(寅卯)	오사(午巳)	진술축미(辰戌丑未)	신유(申酉)	자해(子亥)
계절(季節)	춘(春)	하(夏)	사계절(四季節)	추(秋)	동(冬)
방위(方位)	동(東)	남(南)	중앙(中央)	서(西)	북(北)
오장(五臟)	간(肝)	심(心)	비(脾)	폐(肺)	신(腎)
오색(五色)	청(靑)	적(赤)	황(黃)	백(白)	흑(黑)
오미(五味)	산(酸)	고(苦)	감(甘)	신(辛)	함(鹹)
오체(五體)	근(筋)	맥(脈)	육(肉)	골(骨)	피(皮)

이 이외에도 오행으로 분류되는 여러 가지 조건들이 있다. 앞 페이지에다 간략하게 오행의 분류를 도표로 설명하였고 오행의 분류를 기본적인 다섯 가지 개념으로 분류해보았다.

오행의 정리
오행은 계절에 따라 왕성해지기도 하고 쇠약해지기도 한다.
목(木): 봄에 가장 왕성하고 겨울에도 왕성하다.
화(火): 여름에 가장 왕성하고, 봄에도 목생화이므로 왕성하다.
토(土): 사계절 중 진술축미월에 가장 왕성하고 여름에도 화생토이므로 왕성하다.
금(金): 가을에 가장 왕성하고, 토가 성하는 사계절에도 성한다.
수(水): 겨울에 가장 왕성하고 가을철에도 왕성하다.
오행 하나를 놓고 보면, 일 년에 두 계절은 왕성하나 나머지 두 계절은 쇠퇴한다.

오행을 세분화하면 십신(十神)으로 구분한다. 십신(十神)이란 무엇인가. 사주팔자의 구성은 태양과 지구와 달의 삼박자 운동에 연유하며 이러한 운동의 작용으로 본인을 위시하여 종횡으로 십신의 이념관계가 형성된다. 이러한 십성에 육친을 배속하여 육친 상호간에 인연의 희기와 길흉화복을 판단하는데 필요한 것이 다름 아닌 십신이라는 것이다. 사주에서 태어난 날의 천간을 일간(日刊)이라 하는데 사주의 주인공인 자신을 말한다.

십신구분법
일간을 생하는 오행으로 음양이 같으면 편인(偏人), 음양이 다르면 정인(正人). 일간과 동일한 오행으로 음양이 같으면 비견(比肩), 음양이 다르면 겁재(劫財). 일간이 생하는 호행으로 음양이 같으면 식신(食神), 음양이 다르면 상관(傷官). 일간이 극하는 오행으로 음양이 같으면 편재(偏在), 음양이 다르면 정재(正財). 일간을 극하는 오행으로 음양이 같으면 편관(偏官), 음양이 다르면 정관(正官)이라 한다.

1) 정인(正人)은 일간(日刊)을 생하는 것을 말한다. 우리 몸은 부모님으로부터 받고 태어났다. 일간을 생해주는 정인은 모친에 해당한다. 모친은 나를 품어 양육하고 나를 길러 교육하며 나를 살게 하는 원동력이 된다. 또한 인(印)이란 도장이 되어 공문서에 날인할 때 사용하는 것으로 국가사회에서의 권리와 자격을 인정해주는 것이기도 하다. 조건 없이 나를 도와주는 모친과 같은 의미이다.

2) 편인(偏人)은 정상적이지 않는 치우친 환경에서 출발한 것이다. 태생적인 결함을 안고 있는 것이며 정신 심리상에 그러한 결함을 안고 출발한 것이다. 그래서 그것을 극복하기위해 일반인 아무나 할 수 없는 자신만의 노하우로 특화된 전문성을 확보해야한다. 얼마든지 자신의 장점으로 개발하여 현실이라는 무대에서 인정받을 수 있는 틀을 만들어 낼 수 있다.

3) 비견(比肩)은 형제자매 동료 친구 이웃사촌 동업인 등이 되며 사회적으론 생각이 같고 이해를 함께하는 단체나 세력을 의미한다. 그러나 형제가 많으면 재산을 나누어야 하듯 분탈분재의 성분도 된다.

4) 겁재(劫財)란 이해관계에서는 목적달성을 위해 수단방법을 가리지 않다보니 배신 투쟁도 마다하지 않으며 강탈 폭력도 불사하는 흉신이다. 겁재는 강탈 패재의 성분으로 전혀 의도되지 않고 예상되지 않는 상황에서 갑자기 들이닥친 천둥의 피해상황에 해당한다.

4) 식신(食神)은 남자의 경우는 장모, 여자의 경우는 자녀에 해당한다. 식신은 일간의 기운을 가져와 재능을 발휘하게 하고 재화를 만들어

내는 수단이 되며 외부의 침략으로부터 자신을 지켜내는 방어력이 된다. 풍부한 의식주의 복이 이해와 용서와 사랑의 실천을 가능케 한다.

5) 상관(傷官)은 우주만물과 인간사회가 유지 발전해 나가는데 필요한 정당한 규율법칙으로 일종의 법질서인 헌법, 법률, 조례, 규칙, 규범, 규율인 정관을 손상시키는 것으로 일종의 탈법, 불법성이 된다. 그러나 상관은 만사의 시작점을 혼돈에서 출발하여 안정된 질서를 세우는데 까지 이르게 됨으로써 상관의 역할이 미치게 된다.

6) 정재(正財)는 의식주를 해결하기 위한 생산활동 지적인 호기심을 해결하기 위한 정신활동 감정의 순화를 위한 문화적활동 그 모든 것을 포함한다. 정당한 노력의 대가로 주어지는 보수이다. 정재로서 부인은 정상적인 혼인절차를 따라서 관리하는 합법적인 존재이다.

7) 편재(偏財)란 정당성을 담보할 수 없는 상황에서 획득한 재화에 해당함으로 불법이나 편법을 들 수 있고 그만큼 위험부담을 갖고 있는 것이다. 노력치 않고 취득한 투기 도박 등 불로소득이 이에 해당한다. 편재로서 부인이나 애인은 혼인절차를 따르지 않고 비정상적인 방법과 수단으로 관리되는 관계이다.

8) 정관(正官)은 정상적인 질서이다. 가정에서나 사회에서나 직분과 처한 위치에 따라 책임감을 가지고 권리와 의무를 다해야 하는데 정관은 원리원칙주의자이며 용모준수하고 행동이 모범우등생이다. 공익을 위해 봉사 헌신하는 성분임으로 국가사회조직에 몸담은 공무원이나 회사원의 삶을 살아간다. 여자의 사주에서는 정상적으로 혼인을 한 남편성에 해당한다.

9) 편관(偏官)은 생명활동을 어느 특정한 상황에서 물리적인 강제력을 사용하여 억제하고 질서에 순응을 강제하며 이에 반하는 행위는 엄

벌하여 분리 단절을 겪게 하는 형벌권의 행사에 해당한다. 편관은 대부 대귀하는 길성작용과 한 편으로는 고통을 겪는 흉신이기도 하다. 잘 제화하여야 현실적으로 유용하게 사용할 틀이 만들어진다. 여자의 입장에서는 흔히 하는 말로 애인의 자리에 속한다. 사주에서는 이런 재료들을 이용하여 사주의 타고난 운명과 시간과 공간의 변화 즉 10년을 주기로 변하는 대운과 해마다 바뀌는 세운을 대입하여 한 사람의 길흉화복을 예견한다.

　십이운성법(十二運星法)과 십이신살(十二神殺): 태양과 지구와 달의 운동 속에 춘하추동 사계절의 기후변화가 생기게 되고, 이 변화를 따라서 만물은 왕상휴수사(旺相休囚死)라는 과정을 거치게 된다. 인간도 이러한 질서 속에서 움직이고 있는 것이므로 이를 십이지지(十二支持)에 적용하여 인간의 생로병사를 살펴보는 것이다. 인간의 출생에서 죽음에 이르는 전 과정을 십이운성법(十二運星法)으로 점검을 하면, 흥망성쇠의 흐름을 대체적으로 파악이 가능하다. 십이운성법에 따른 십이신살도 소개하고자 한다.

1) 절(絕), 포(胞)

　포는 포옹(抱擁)의 의미다. 음양을 대표하는 남녀가 서로 포옹하여 사랑 행위를 막 시작한 상태며 식물로 보면 종자가 되어 땅이라는 환경을 찾아 헤매고 있는 것이다. 완전히 끊어진 상태에서 다시 새로운 시작이 이뤄진 것이다. 땅에서 넘어진 자는 다시 땅을 짚고 일어서야 하듯이 생명력이 그 터전을 찾고 있는 것이다. 아직 환경의 보호가 필요한 상태다. 보호기능이 약해 이리저리 바빠도 실속이 없는 경우이다. 여자는 이 운을 만나면 이성문제에 실속이 없으니 특히 조심해야한다.

　겁살: 모든 기운이 완전히 소멸되어 정반대의 기운이 발동하게 되는

것이다. 그러므로 상호 반대되는 입장에서는 겁탈(劫奪)현상이 발생하게 되는 것이다. 만남보다 헤어짐이 어렵다고들 하는데 이별의 아픔이 클수록 정을 지우는데 효과적이다. 이것이 바로 겁살이다. 옛 인연을 잊고 새로운 인연을 찾아 나서는 것이다. 겁살은 인정사정없이 빼앗아 가는 작용을 의미한다.

2) 태(胎)

애정행위를 통하여 난자 정자가 여자의 자궁에서 만나 태반(胎盤)이 형성된 시기이다. 서서히 생명활동이 시작된 것이다. 땅 속에서는 씨앗이 껍질을 벗고서 서서히 뿌리를 내리는 활동을 시작한 것이다. 태(胎)는 절(絶)과 마찬가지로 아직 어린 생명이므로 아직 밖으로 뛰쳐나갈 준비가 미비한 상태이다. 그래서 미래를 위한 힘의 배양이 필요한 시기다.

월살(月殺); 고초살(枯焦殺): 편안히 안정할 수 있는 환경은 못 된다. 월살 기운이 동하면 마음은 허탈해지고 몸은 기가 빠지니 아무것도 현실적으로 이룰 수 없다. 마음이 허탈하니 우울증 신경쇠약의 현상이 생긴다. 이 기간을 만나면 자신을 반성하고 보다 큰 세계를 성찰하는 안목을 열어간다면 자기만의 예술세계를 열어 업적을 남길 수도 있다.

3) 양(養)

모체(母體)안에서 이목구비(耳目口鼻)와 몸의 형태가 만들어 지는 시기다. 즉 태중에서 탯줄을 통해서 길러지며 사람으로서의 모양새를 갖추어 가는 과정으로 모친으로부터 보호아래에서 양육하게 된다. 이러한 성질은 직업적으로 어려운 사람을 챙기는 봉사(奉仕), 교육(敎育) 등의 분야로 나타나기도 한다.

4) 천살(天殺)

오늘날에는 일명 비행기살이라하여 여행이나 업무로 비행기를 타고 다니는 것으로 해석되기도 한다. 하늘에 나의 간절한 소망을 호소하며 내 뜻을 들어주시길 간구하는 것이다.

5) 장생(長生)

모태에서 출생하여 세상에 모습을 드러낸 상태로 생기가 출현하여 발랄하게 뻗어나가는 시기다. 막 태어난 아기는 누구에 의해서라도 보호와 지원을 받는다. 한마디로 후원자가 준비되어 있다는 뜻이다. 포-태-양을 지내면서 준비된 역량을 발휘할 수 있는 시기다. 개발(開發)이나 개척(開拓), 생산(生産), 제조(製造), 예술(藝術) 등 활발하게 자신을 표현하는 시기를 만난 것이다.

6) 지살(地殺)

움직임이 활발해져서 쭉쭉 뻗어나가는 기상으로 분주다망살이라고도 한다. 지살이 명조에 이르면 세상에서 자기가 제일 바쁘다고들 한다. 지살은 역마살과 있어야 비로소 천리만리를 달리는 준마가 된다.

7) 목욕(沐浴)

태중에서 태아가 출산하여 이 세상을 나오면 목욕을 시켜 피부를 깨끗이 씻긴다. 목욕을 시키려면 먼저 발가벗기고 나서 몸을 씻긴다. 씻고 나면 개운하지만 일단 목욕은 아이의 의사와 관계없이 진행되며 아이의 입장에서는 고통도 될 수 있다.

년살(年殺); 도화살(桃花殺): 아이는 목욕을 하려면 입던 옷을 벗어야 한다. 어린 아이가 옷을 벗는데 무슨 수치심을 느끼겠는가. 남녀 모두 이성을 좋아하고 풍류를 즐기게 된다. 여자는 얼굴에 화색이 돌고 애교끼가 있어 남성의 마음을 흔드는 매력이 넘친다. 문화활동 방송활동 백

화점 극장 화려한 거리 등이 도화의 기운을 사용하고 있다.

8) 관대(冠帶)

어린아이는 어느 시기가 되면 이제 예의범절을 지키고 자신의 마음 씀씀이와 행동거지를 적절하게 조절할 때가 오게 된다. 사람이 제복을 입으면 마음가짐과 몸의 자세가 바르게 된다. 관대는 그 제복을 상징하며 자기 주관대로 밀고 나가는 투지가 있다. 또한 관대의 영향을 받으면 사람이 약간 거만하게 보인다. 관대가 가진 승부사 기질의 당당함이 그리 보일 수도 있다.

역마살(驛馬殺): 구상하고 계획했던 일이 재도약을 꿈꾸는 단계로 진입한 것이다. 열심히 뛰는 사람에게 더 잘 뛰게끔 자극을 역마는 구상계획을 실행하는 실천력이니 추진력이 강력하다고 할 수 있다.

9) 건록(建祿)

사회로 나아가 취업하여 월급도 받고 결혼하여 가정도 이루고 자식도 양육하고 해야 하는 시기다. 한마디로 일가를 이룬다는 의미다. 건록은 자아독립심을 의미하므로 부모형제 도움 없이 홀로 서려하기 때문에 자수성가형이 많다. 늘 질서체계를 지켜가며 자기 본무분에 충실하게 참여한다.

망신살(亡身殺): 뭔가 일이 잘 이루어지고 있을 때 조심해야한다. 승승장구할 때 스스로 자신을 높이면서 자만하면 안 된다. 제왕의 눈 밖에 나는 날에는 언제든지 관직에서 쫓겨나서 하루아침에 직책을 잃어 할 일이 없어진다. 또한 망신살로 재물을 얻기도 하고 재물을 잃기도 한다. 모델이나 연예인이 망신을 각오하고 노출을 하는 경우다. 재물은 얻지만 그 망가짐의 후유증은 따른다.

10) 제왕(帝旺)

자기 기운을 최고도로 발산할 수 있는 위치이다. 태양처럼 왕성하며 최고의 자리에 있으니 어느 누가 맞서지 못한다. 영웅적 기상과 기세로 천하를 호령하는 제왕의 상태다. 최고의 자리이다 보니 자리에서 떨어지면 바로 고통의 맨바닥이 된다. 그래서 자리와 결제도장이 없는 경우에는 전문직 자격증을 확보해야 한 분야에서 큰소리치며 제왕노릇을 할 수 있다.

장성살(將星殺): 장성은 권력의 핵심인 총사령관이요 나라에서는 군왕에 해당한다. 회사에서의 장성(將星)은 사장이다. 사원은 그가 결정한 대로 시행하게 된다. 그의 의중에 회사와 사원 모두의 발전을 위한 방안이 세워져 있기 때문이다.

11) 쇠(衰)

왕기(旺氣)가 극성을 부리는 단계가 지나게 되면 이제 서서히 수그러들기 시작한다. 지나온 과정을 생각하면 보람도 있고 회환도 있었을 것이다. 이것저것 생각하니 인생의 깊은 맛이 우러나기 시작한다. 차면 기운다는 이치를 몸소 체험했다. 이제 중년으로 들어온 시기이다. 이제 왕성한 기운을 발산하며 뭔가 이루려고 시도를 할 때는 지나가고 있다. 이제는 보신위주로 안정된 삶을 계획해야 한다. 제왕의 열기가 식어가면서 따뜻함으로 바뀌어가고 있다.

반안살(攀鞍殺): 반안(攀鞍)이란 한자로는 말의 안장(鞍裝)을 뜻한다. 장군이 앉는 말위에 좌석이요 왕이 행차시 타고 가는 가마를 말한다. 반안이 있는 사람은 기대기를 좋아하고 또한 기댈 언덕이 있는 것이다. 출세 번영 승진의 의미가 있다.

12) 병(病)

사람이 늙어 병드는 것은 당연한 자연이치이다. 병든 사람은 보호를 받으며 안정을 취해야 함으로 에너지를 낭비할 수 없다. 이젠 남아 있는 에너지를 잘 관리해서 건강을 유지하는 것이 필요한 것이다. 몸으로 움직이며 할 수 있는 것이 아니니 물질적인 생산 활동은 이쯤에서 마무리하고 정신적인 활동 쪽으로 방향을 잡아야 한다. 타인과 경쟁하기 보다는 친화하며 내가 가진 기운을 나누면서 편안한 노후를 보내야 한다.

재살(災殺); 수옥살(囚獄殺): 재살이란 아직은 최고의 실권을 행사하는 것에는 변함이 없는 상태이나 절대 권력자에 대항하는 무모한 도전을 한 것에 해당하며 이제 재살이 갈 곳은 몸을 오랏줄로 칭칭 동여 메고 수감장으로 가는 수밖에 없다. 재살은 죄인의 몸을 꼼짝 달싹 못하게 형틀에 채워서 감금시키는 것을 말한다.

13) 사(死)

만물이 수렴(收斂)되어 정리(整理)되는 시기이다. 알곡과 쭉정이로 분리(分離)되어 알곡은 귀히 사용되며 쭉정이는 죽임을 당한다. 온갖 풍상을 겪고 사지(死地)에 이른 인생은 몸은 비록 죽음을 맞이하지만 그 정신은 고스라니 가문과 역사에 남아있다. 이가 없으면 잇몸으로 산다고 몸이 없으니 이제 정신만이 살아 있을 뿐이다. 죽음 앞에서는 모두가 마음을 비우게 되고 너그러워지고 나의 모든 것을 다 줄 수 있을 것이며 마음의 집착이 없어지게 되는 것이다.

육해살(六害殺): 죽음을 인도하러 지옥사자가 대문 앞에 당도하여 있는 것이다. 죽음을 맞이한 자로서는 사자의 손길을 피할 수 없음으로 이끄는 대로 따라갈 수밖에 없다. 그래서 '꼼짝 못한다' '이끄는대로 따라간다' 의 의미가 있다. 매사 답답하고 지겹게 느껴질 것이다. 기도나 명상 정신수련을 하는 것도 육해살을 극복하는데 도움이 될 것이다.

14) 묘(墓)

만물이 그 성장운동을 마치고 목적을 이루었으니 이제 휴식을 취해야

할 시기다. 수고로서 얻어진 결과물은 저장해둔다. 곡식은 창고로 들어가고 돈은 은행금고로 들어가고 인생은 무덤에 들어간다.

　화개살(華蓋殺): 화폐를 보관하는 금고 물건을 넣어두는 차고나 가방 돈을 넣어두는 지갑 지식정보를 저장하는 두뇌를 의미한다. 오행의 모든 사물을 하나의 공간속에 거둬드려서 보관한다는 뜻이다.